Die Reden des Epiktet (Buch 1)

Stoizismus Von der Lektion zur Aktion!

EPIKTET

Stoische Philosophie für den zeitgenössischen Leser | Stoizismus verdaut für das moderne Leben

∎∎∎

Übersetzung: Alexander K. W.

Liste der Mitwirkenden: Epiktet (Epictetus), George Long, Sam Nusselt

Epiktet war ein griechischer Philosoph, der von 55-135 n. Chr. lebte. Er wurde in Hierapolis in Phrygien (der heutigen Türkei) in die Sklaverei geboren und erlangte später seine Freiheit. Epictetus' Lehren basierten auf dem Stoizismus und betonten die Bedeutung von Selbstdisziplin, die Akzeptanz des Schicksals und das Streben nach Tugend. Obwohl er keine seiner Lehren niederschrieb, verfasste sein Schüler Arrian, ein römischer Senator, die "Diskurse" und das "Enchiridion" auf der Grundlage von Epiktetus' Vorlesungen. Epictetus' Philosophie hatte einen großen Einfluss auf die späteren stoischen Philosophen und wird bis heute studiert und respektiert.

Die Reden des Epiktet (Buch 1) - Stoizismus Von der Lektion zur Aktion!

Bearbeitung, Umschlag, Copyright © 2023 ISBN OWNER

LEGENDARY EDITIONS

THIS ADAPTATION IS A COPYRIGHTED WORK, LEGALLY REGISTERED/PROTECTED WITH BLOCKCHAIN TECHNOLOGY (REGISTRATION NUMBER: DA-2023-046966)

Alle Rechte vorbehalten. Kein Teil dieses Buches darf ohne vorherige schriftliche Genehmigung in irgendeiner Weise verwendet oder vervielfältigt werden.

Ausgabe/Version: 1/5 [Überarbeitet 27 Juni 2024]

1. Die Ethik | 2. Die Stoiker | 3. Das Leben.

▪ ΑΩ ▪

Haftungsausschluss: Bitte beachten Sie, dass die in diesem Dokument enthaltenen Informationen nur für Bildungs- und Unterhaltungszwecke bestimmt sind. Es wurden alle Anstrengungen unternommen, um genaue, aktuelle, zuverlässige und vollständige Informationen zu präsentieren. Es wird keine Garantie irgendeiner Art ausgesprochen oder impliziert. Der Leser nimmt zur Kenntnis, dass der Autor keine rechtliche, finanzielle, medizinische oder professionelle Beratung anbietet. Der Inhalt dieses Buches wurde aus & verschiedenen Quellen recherchiert. Bitte konsultieren Sie einen zugelassenen Arzt, bevor Sie eine der in diesem Buch beschriebenen Techniken ausprobieren. Mit der Lektüre dieses Dokuments akzeptiert der Leser, dass der Autor unter keinen Umständen für direkte oder indirekte Verluste verantwortlich gemacht werden kann, die durch die Verwendung der in diesem Dokument enthaltenen Informationen entstanden sind, einschließlich, aber nicht beschränkt auf Fehler, Auslassungen oder Ungenauigkeiten.

Erweitern Sie Ihren literarischen Horizont und verschenken Sie die Freude am Lesen: Entdecken Sie eine Welt voller fesselnder Bücher, die inspirieren, bilden und unterhalten!

https://www.legendaryeditions.art/

INHALT

KAPITEL 1 — VON DEN DINGEN, DIE IN UNSERER MACHT STEHEN UND DIE NICHT IN UNSERER MACHT STEHEN 1

KAPITEL 2 — WIE EIN MENSCH BEI JEDER GELEGENHEIT SEINEN RICHTIGEN CHARAKTER BEWAHREN KANN 9

KAPITEL 3 — WIE DER MENSCH VON DEM GRUNDSATZ, DASS GOTT DER VATER ALLER MENSCHEN IST, ZUM REST ÜBERGEHEN SOLL 15

KAPITEL 4 — VOM FORTSCHRITT ODER DER VERBESSERUNG 19

KAPITEL 5 — GEGEN DIE AKADEMIKER 25

KAPITEL 6 — VON DER VORSEHUNG 29

KAPITEL 7 — VOM GEBRAUCH SOPHISTISCHER UND HYPOTHETISCHER ARGUMENTE UND DERGLEICHEN 37

KAPITEL 8 — DASS DIE FAKULTÄTEN FÜR DEN UNGELEHRTEN NICHT SICHER SIND 45

KAPITEL 9 — WIE DER MENSCH VON DER TATSACHE, DASS WIR GOTT ÄHNLICH SIND, ZU DEN KONSEQUENZEN GELANGEN KANN 49

KAPITEL 10 — GEGEN DIEJENIGEN, DIE EIFRIG NACH EINER BEVORZUGUNG IN ROM STREBEN 57

KAPITEL 11 — VON NATÜRLICHER ZUNEIGUNG 61

KAPITEL 12 — VON DER ZUFRIEDENHEIT 67

KAPITEL 13 — WIE ALLES DEN GÖTTERN WOHLGEFÄLLIG GETAN WERDEN KANN 73

KAPITEL 14 — DASS DIE GOTTHEIT ÜBER ALLE DINGE WACHT 77

INHALT

KAPITEL 15 — WAS DIE PHILOSOPHIE VERSPRICHT 81

KAPITEL 16 — VON DER VORSEHUNG 85

KAPITEL 17 — DASS DIE LOGISCHE KUNST NOTWENDIG IST 89

KAPITEL 18 — DASS WIR UNS NICHT ÜBER DIE FEHLER ANDERER ÄRGERN SOLLEN 95

KAPITEL 19 — WIE WIR UNS GEGENÜBER TYRANNEN VERHALTEN SOLLTEN 101

KAPITEL 20 — ÜBER DIE VERNUNFT, WIE SIE ÜBER SICH SELBST NACHDENKT 107

KAPITEL 21 — GEGEN DIEJENIGEN, DIE BEWUNDERT WERDEN WOLLEN ... 111

KAPITEL 22 — ÜBER PRÄKOGNITIONEN 113

KAPITEL 23 — GEGEN EPIKUR 119

KAPITEL 24 — WIE WIR MIT DEN UMSTÄNDEN KÄMPFEN SOLLTEN 123

KAPITEL 25 — AM GLEICHEN 129

KAPITEL 26 — WAS IST DAS GESETZ DES LEBENS? 135

KAPITEL 27 — WIE VIELE ARTEN VON ERSCHEINUNGEN ES GIBT UND WELCHE HILFSMITTEL WIR GEGEN SIE EINSETZEN SOLLTEN 139

KAPITEL 28 — DASS WIR DEN MENSCHEN NICHT ZÜRNEN SOLLEN, UND WAS DIE KLEINEN UND GROSSEN DINGE UNTER DEN MENSCHEN SIND 145

KAPITEL 29 — ÜBER DIE BESTÄNDIGKEIT 153

KAPITEL 30 — WAS WIR IN SCHWIERIGEN SITUATIONEN BEREITHALTEN SOLLTEN 163

INDEX 167

VORWORT

Im Bereich der antiken Philosophie gibt es nur wenige Stimmen, die so kraftvoll widerhallen und die Tiefen des menschlichen Geistes berühren wie die des Epiktet, des verehrten stoischen Philosophen des antiken Griechenlands. Seine zeitlose Weisheit durchdringt nach wie vor das menschliche Denken und bietet all jenen Trost, Führung und Inspiration, die ein Leben voller Sinn und Gelassenheit suchen.

Die "Diskurse des Epiktet" sind ein Werk, das die tiefgreifenden Lehren und Erkenntnisse dieses außergewöhnlichen Philosophen zusammenfasst. Auf diesen Seiten nimmt uns Epiktet auf eine transformative Reise mit, die uns vom rein intellektuellen Verständnis zur transformativen Kraft des Handelns führt.

Epiktet war der Ansicht, dass wahre Weisheit nur durch praktische Anwendung erlangt werden kann. Es reicht nicht aus, nur über philosophische Prinzipien nachzudenken; man muss sie in jedem Atemzug, in jeder Interaktion verkörpern. Dieses Buch, eine Zusammenstellung seiner erleuchtenden Vorträge, enthüllt den Weg zu innerem Frieden und Erfüllung, indem es die Philosophie in die Praxis umsetzt.

In diesen heiligen Worten vermittelt Epiktet unschätzbare Lektionen über die Natur der Selbstbeherrschung, die Widerstandsfähigkeit und das Leben in Harmonie mit den sich ständig verändernden Gezeiten der Existenz. Er verdeutlicht, wie wichtig es ist, zu unterscheiden, was unter unserer Kontrolle steht und was jenseits davon liegt, und führt uns zu einem unerschütterlichen Gefühl von Freiheit und Gelassenheit, unabhängig von äußeren Umständen.

Epictetus' Lehren gehen über die Grenzen der Theorie hinaus. Er bietet praktische Übungen und nachvollziehbare Beispiele, die es uns ermöglichen, die Kluft zwischen Philosophie und Alltagsleben nahtlos zu überbrücken. Ob es darum geht, persönliche Beziehungen zu pflegen, Widrigkeiten zu meistern oder inmitten des Chaos nach einem Sinn zu suchen, seine Worte werden zu einem Kompass, der uns zu einem besseren Verständnis von uns selbst und der Welt um uns herum führt.

Dieses Buch ist nicht nur eine philosophische Abhandlung; es ist ein Aufruf zu den Waffen, ein Zeugnis für die transformative Kraft der Anwendung alter Weisheiten auf die Komplexität unseres modernen Lebens. Es soll uns daran erinnern, dass wahres Glück nicht in der unbeständigen Hand des Schicksals liegt, sondern in der unerschütterlichen Kraft unserer eigenen Gedanken, Entscheidungen und Handlungen.

Schlagen Sie diese Seiten auf, tauchen Sie ein in die zeitlosen Lehren des Epiktet, und begeben Sie sich auf eine Reise zur Selbstbeherrschung, zur Freiheit und zu den außergewöhnlichen Höhen des menschlichen Geistes.

KAPITEL 1

— Von den Dingen, die in unserer Macht stehen und die nicht in unserer Macht stehen

Die Kraft der Kontemplation ist eine Fähigkeit, die sich allen anderen Fähigkeiten entzieht und sie unfähig zur Selbstreflexion oder zum Urteil macht. Selbst die Kunst der Grammatik, die es uns ermöglicht, über geschriebene und gesprochene Worte zu urteilen, ist nicht in der Lage, über sich selbst nachzudenken. Dasselbe gilt für die Musik, die zwar Melodien, nicht aber ihre eigene Existenz beurteilen kann. Es gibt jedoch eine Fähigkeit, die sich durch die Fähigkeit auszeichnet, über sich selbst und alle anderen Dinge nachzudenken: das rationale Vermögen. Es ist dieses Vermögen, das es uns ermöglicht, den Wert und die Nützlichkeit anderer Fähigkeiten wie der Musik und der Grammatik zu prüfen und Urteile über Erscheinungen zu fällen. Auch wenn die Götter uns nicht die Macht über viele Aspekte unseres Lebens verliehen haben, so haben sie uns doch mit der Fähigkeit ausgestattet, die Erscheinungen zu nutzen und unser rationales Vermögen weise einzusetzen. Wenn wir dies als unseren wahren Besitz erkennen und unsere Aufmerksamkeit darauf richten, können wir ohne Hindernisse oder Klagen durch das Leben navigieren.

KAPITEL 1 — Von den Dingen, die in unserer Macht stehen und die nicht in unserer Macht stehen

Die rationale Fakultät und die Macht der Wahrnehmung

Von allen Fähigkeiten ist keine fähig, sich selbst zu betrachten, und daher auch nicht fähig, etwas zu billigen oder zu missbilligen. Wie viel Macht hat die Kunst der Grammatik in der Betrachtung? Sie hat die Fähigkeit, sich ein Urteil über das Geschriebene und Gesprochene zu bilden. Und was ist mit der Musik? Sie kann sich ein Urteil über Melodien bilden. Aber betrachten sich diese beiden Fähigkeiten selbst? Nein, ganz und gar nicht. Wenn Sie Ihrem Freund oder Ihrer Freundin etwas schreiben müssen, wird Ihnen die Grammatik bei der Wortwahl helfen, aber sie wird Ihnen nicht sagen, ob Sie überhaupt schreiben sollten. Das Gleiche gilt für Musik und musikalische Klänge. Musik kann Ihnen sagen, was gut klingt, aber sie wird Ihnen nicht sagen, ob Sie in diesem Moment singen oder Laute spielen sollten, oder ob Sie beides tun sollten. Welches Vermögen sagt es Ihnen also? Es ist das rationale Vermögen, das sowohl über sich selbst als auch über alle anderen Dinge nachdenkt. Was ist dieses Vermögen? Es ist unsere Fähigkeit, uns selbst, unsere eigene Natur und unsere Fähigkeiten zu untersuchen und den Wert dieser Gaben zu verstehen. Sie ist auch die Fähigkeit, alle anderen Fähigkeiten zu prüfen. Denn wer sonst erklärt, dass goldene Dinge schön sind? Sicherlich nicht die goldenen Dinge selbst. Offensichtlich ist es die Fähigkeit, den äußeren Schein zu beurteilen. Und wer sonst beurteilt die Musik, die Grammatik und andere Fähigkeiten, erkennt ihre Nützlichkeit und bestimmt den richtigen Zeitpunkt für ihren Einsatz? Niemand sonst.

So wie es damals war, so sollte es auch sein - das Beste und Höchste von allem ist das Einzige, was die Götter uns in die Hand gegeben haben: der richtige Umgang mit den Erscheinungen. Alle anderen Dinge entziehen sich jedoch unserer Kontrolle. War das so, weil die Götter es so gewollt haben? Ich glaube, wenn sie dazu in der Lage wären, hätten sie uns auch die Kontrolle über diese anderen Dinge gegeben, aber sie konnten es einfach nicht. Da wir auf der Erde leben, an einen physischen Körper gebunden und von Mitmenschen umgeben sind, wäre es für uns unmöglich gewesen, in

KAPITEL 1 — Von den Dingen, die in unserer Macht stehen und die nicht in unserer Macht stehen

Bezug auf diese Dinge nicht von äußeren Faktoren beeinflusst zu werden.

Aber was sagt Zeus dazu? "Epiktetus, wenn es möglich wäre, hätte ich deinen kleinen Körper und deinen kleinen Besitz frei gemacht und nicht den Hindernissen ausgesetzt. Aber nun sei dir darüber im Klaren: Dieser Körper ist nicht der deine, sondern er ist feiner Lehm. Und da ich nicht in der Lage war, für dich zu tun, was ich erwähnt habe, habe ich dir einen kleinen Teil von uns gegeben, dieses Vermögen, einen Gegenstand zu verfolgen und ihn zu meiden, und das Vermögen der Begierde und des Widerwillens, und, mit einem Wort, das Vermögen, die Erscheinungen der Dinge zu gebrauchen; und wenn du dich um dieses Vermögen kümmerst und es als deinen einzigen Besitz betrachtest, wirst du niemals behindert werden, niemals auf Hindernisse stoßen; du wirst nicht klagen, du wirst nicht tadeln, du wirst niemandem schmeicheln."

Nun, erscheinen Ihnen diese Kleinigkeiten wichtig? Ich hoffe nicht. Seien Sie zufrieden mit ihnen und beten Sie zu den Göttern. Doch jetzt, da wir die Möglichkeit haben, uns auf eine Sache zu konzentrieren und uns ihr zu widmen, entscheiden wir uns dafür, uns auf viele Dinge zu konzentrieren. Wir hängen an unseren Körpern, Besitztümern, Geschwistern, Freunden, Kindern und Sklaven. Weil wir an so viele Dinge gebunden sind, fühlen wir uns beschwert und unterdrückt. Wenn das Wetter nicht zum Segeln geeignet ist, sitzen wir und quälen uns und suchen ständig nach der Richtung des Windes. "Er weht aus dem Norden." Aber warum ist das für uns wichtig? "Wann weht der Westwind?" Er wird wehen, wenn er will, mein Freund, oder wenn Äolus es will. Es liegt nicht in deiner Verantwortung, die Winde zu kontrollieren, sondern in der von Aeolus. Was sollen wir also tun? Wir müssen das Beste aus den Dingen machen, über die wir die Kontrolle haben, und den Rest so nutzen, wie es ihrer Natur entspricht. Und was ist ihre Natur? Das hat Gott zu entscheiden.

"Muss ich denn der Einzige sein, dem der Kopf abgeschlagen wird?" Willst du, dass alle Menschen ihren Kopf verlieren, nur um dich zu trösten? Willst du nicht deinen Hals recken, wie es Lateranus in Rom tat, als Nero seine Enthauptung anordnete? Denn als er

KAPITEL 1 — Von den Dingen, die in unserer Macht stehen und die nicht in unserer Macht stehen

seinen Hals streckte und einen schwachen Schlag erhielt, der ihn kurz zurückziehen ließ, streckte er ihn erneut. Und als er kurz zuvor von Epaphroditus, dem Freigelassenen Neros, aufgesucht wurde und sich nach dem Vergehen erkundigte, das er begangen hatte, sagte er: "Wenn ich etwas ausplaudern will, werde ich es deinem Herrn sagen.

Was sollte ein Mensch unter solchen Umständen bereithalten? Was anderes als "Was mein ist und was nicht mein ist, was mir erlaubt ist und was mir nicht erlaubt ist." Ich muss sterben. Muss ich denn klagend sterben? Ich muss in Ketten gelegt werden. Muss ich dann auch klagen? Ich muss in die Verbannung gehen. Hindert mich denn irgendjemand daran, mit Lächeln und Fröhlichkeit und Zufriedenheit zu gehen? "Sage mir das Geheimnis, das du besitzt." Das werde ich nicht, denn es liegt in meiner Macht. "Aber ich werde dich in Ketten legen." Mann, wovon redest du? Mich in Ketten legen? Du kannst mein Bein fesseln, aber meinen Willen kann nicht einmal Zeus selbst überwältigen. "Ich werde dich ins Gefängnis werfen." Meinen armen Körper, meinst du. "Ich werde dir den Kopf abschlagen." Wann habe ich dir denn gesagt, dass mein Kopf allein nicht abgeschlagen werden kann? Das sind die Dinge, über die die Philosophen nachdenken sollten, über die sie täglich schreiben und in denen sie sich üben sollten. Thrasea pflegte zu sagen: "Lieber würde ich heute getötet als morgen verbannt werden." Und was sagte Rufus zu ihm? "Wenn du den Tod als das schwerere Unglück wählst, wie groß ist dann die Torheit deiner Wahl? Wenn du aber den Tod als das leichtere Unglück wählst, wer hat dir dann die Wahl gelassen? Willst du nicht lernen, dich mit dem zu begnügen, was dir gegeben ist?" Was sagte Agrippinus daraufhin? Er sagte: "Ich bin mir selbst kein Hindernis." Als ihm berichtet wurde, dass sein Prozess im Senat stattfand, sagte er: "Ich hoffe, dass es gut ausgeht, aber es ist die fünfte Stunde des Tages" - das war die Zeit, in der er sich zu bewegen pflegte und dann ein kaltes Bad nahm - "lasst uns gehen und unsere Übungen machen." Nachdem er seine Übungen gemacht hat, kommt jemand und sagt ihm: "Du bist verurteilt worden." "Zur Verbannung", antwortet er, "oder zum Tod?" "Zur Verbannung." "Und was ist mit meinem Eigentum?" "Es wird dir nicht weggenommen." "Dann lass uns nach Aricia gehen", sagte er, "und

KAPITEL 1 — Von den Dingen, die in unserer Macht stehen und die nicht in unserer Macht stehen

zu Abend essen." Das ist es, was es bedeutet, das studiert zu haben, was ein Mensch studieren sollte; das Verlangen und die Abneigung frei von Hindernissen gemacht zu haben, und frei von allem, was ein Mensch vermeiden möchte. Ich muss sterben. Wenn jetzt, bin ich bereit zu sterben. Wenn ich jetzt, nach kurzer Zeit, zu Abend esse, weil es Essenszeit ist, dann werde ich danach sterben. Aber wie? Wie ein Mann, der aufgibt, was einem anderen gehört.

Von der Lektion...

Konzentrieren Sie sich auf das, was Sie unter Kontrolle haben, und lösen Sie sich von der Bindung an äußere Dinge. Begegnen Sie Widrigkeiten mit Widerstandsfähigkeit und pflegen Sie eine Haltung der Zufriedenheit und Akzeptanz.

Zur Aktion!

(1) Denken Sie darüber nach, dass keine Fakultät in der Lage ist, sich selbst zu betrachten und weder zu befürworten noch zu missbilligen.
(2) Verstehen, dass die Kunst der Grammatik die Macht hat, Urteile über geschriebene und gesprochene Sprache zu bilden.
(3) Erkennen Sie, dass Musik die Kraft hat, Melodien zu beurteilen.
(4) Erkennen Sie an, dass weder Grammatik noch Musik sich selbst betrachten können.
(5) Verstehen Sie, dass die Grammatik Ihnen zwar sagen kann, welche Wörter Sie schreiben sollen, aber nicht, ob Sie schreiben sollen oder nicht.
(6) Erkennen Sie, dass Musik Ihnen etwas über musikalische Klänge sagen kann, aber sie kann Ihnen nicht sagen, ob Sie singen oder ein Instrument spielen sollen.
(7) Denken Sie darüber nach, dass das rationale Vermögen das einzige ist, das sich selbst und alle anderen Dinge betrachten kann.
(8) Verstehen Sie, dass das rationale Vermögen in der Lage ist, Erscheinungen zu beurteilen und den Wert und Nutzen anderer Vermögen zu bestimmen.
(9) Denken Sie darüber nach, dass das rationale Vermögen uns sagt, dass goldene Dinge schön sind, während sie es selbst nicht sagen.

KAPITEL 1 — Von den Dingen, die in unserer Macht stehen und die nicht in unserer Macht stehen

(10) Erkennen Sie an, dass der Verstand über Musik, Grammatik und andere Fähigkeiten urteilt und bestimmt, wann sie eingesetzt werden.

(11) Erkenne, dass die Götter den richtigen Gebrauch des Scheins, des rationalen Vermögens, in unsere Macht gelegt haben.

(12) Denken Sie darüber nach, dass alles andere nicht in unserer Macht steht und nicht von den Göttern in unsere Hände gelegt wurde, um uns zu kontrollieren.

(13) Versteht, dass die Götter zwar nicht in der Lage sind, andere Dinge in unsere Macht zu bringen, aber sie hätten es getan, wenn sie es gekonnt hätten.

(14) Erkennen Sie an, dass äußere Faktoren, wie unser Körper und unsere Begleiter, uns bei anderen Dingen behindern.

(15) Denken Sie über die Botschaft von Zeus nach, dass unser Körper nicht wirklich der unsere ist, sondern eher aus feinem Lehm geformt.

(16) Begreift, dass Zeus uns die Fähigkeiten des Verfolgens und Vermeidens, des Begehrens und der Abneigung sowie den Gebrauch des Scheins als einzigen Besitz gegeben hat.

(17) Erkennen Sie, dass wir, wenn wir uns um diese Fähigkeit kümmern und sie als unseren einzigen Besitz betrachten, niemals behindert werden oder auf Hindernisse stoßen.

(18) Verstehe, dass es am besten ist, mit den uns gegebenen Fähigkeiten zufrieden zu sein und zu den Göttern zu beten.

(19) Denken Sie darüber nach, dass wir uns, anstatt uns auf eine Sache zu konzentrieren, die in unserer Macht steht, oft an viele Dinge klammern, was uns deprimiert und herunterzieht.

(20) Erkennen Sie, dass wir das Beste aus den Dingen machen müssen, die in unserer Macht stehen, und den Rest entsprechend ihrer Natur, wie von Gott bestimmt, nutzen müssen.

(21) Denken Sie über die Beispiele von Lateranus und seiner Akzeptanz des Todes und Agrippinus' Zufriedenheit mit seiner Situation nach.

(22) Verstehen Sie, dass wir die Bereitschaft haben müssen, zwischen dem, was uns gehört und dem, was uns nicht gehört, und dem, was uns erlaubt ist und was nicht, zu unterscheiden.

KAPITEL 1 — Von den Dingen, die in unserer Macht stehen und die nicht in unserer Macht stehen

(23) Denken Sie darüber nach, dass unser Wille nicht durch äußere Umstände überwältigt werden kann, auch wenn unser Körper davon betroffen ist.

(24) Erkennen Sie, wie wichtig es ist, philosophische Lehren zu studieren und zu meditieren, um eine Geisteshaltung zu entwickeln, die es uns ermöglicht, mit dem zufrieden zu sein, was uns gegeben ist.

KAPITEL 2

— Wie ein Mensch bei jeder Gelegenheit seinen richtigen Charakter bewahren kann

Im Streben nach Vernunft und Rationalität wird das Irrationale unerträglich, während das, was mit der Vernunft in Einklang steht, als erträglich gilt. Das Konzept der Erträglichkeit geht über den körperlichen Schmerz hinaus, da der rationale Charakter von Handlungen und Entscheidungen einen stärkeren Einfluss auf die Wahrnehmung dessen hat, was erträglich ist. Was jedoch als rational oder irrational angesehen wird, kann von Mensch zu Mensch variieren und erfordert Disziplin und Anpassung, um die eigenen Vorstellungen mit dem in Einklang zu bringen, was der Natur entspricht. Diese introspektive Erkundung der Rationalität erstreckt sich auch auf den Wert, den der Einzelne auf sich selbst legt, und seine Bereitschaft, sich den gesellschaftlichen Erwartungen anzupassen. Die folgende Diskussion befasst sich mit den Feinheiten von Rationalität und Irrationalität und fordert den Einzelnen auf, über seinen eigenen Wert und die Kompromisse, die er eingeht, nachzudenken.

> Die Bedeutung von Rationalität und Selbsterkenntnis bei der Entscheidungsfindung

Nur für das rationale Tier ist das Irrationale unerträglich; das Rationale aber ist erträglich. Schläge sind nicht von Natur aus

KAPITEL 2 — Wie ein Mensch bei jeder Gelegenheit seinen richtigen Charakter bewahren kann

unerträglich. "Wie ist das möglich?" Sieh dir an, wie die Lakedämonier die Auspeitschung ertragen, wenn sie gelernt haben, dass sie mit der Vernunft vereinbar ist. "Sich zu erhängen ist nicht unerträglich." Wenn man also glaubt, dass es vernünftig ist, geht man hin und erhängt sich. Zusammenfassend lässt sich sagen, dass nichts den Menschen so sehr schmerzt wie das Irrationale, und umgekehrt nichts ihn so sehr anzieht wie das Rationale.

Aber das Rationale und das Irrationale erscheinen den einzelnen Menschen unterschiedlich, genau wie das Gute und das Schlechte, das Gewinnbringende und das Ungewinnbringende. Deshalb müssen wir lernen, unsere vorgefassten Meinungen über das Rationale und das Irrationale an die verschiedenen Situationen anzupassen, wie es der Natur entspricht. Bei der Bestimmung dessen, was rational und irrational ist, berücksichtigen wir nicht nur äußere Faktoren, sondern auch das, was für jede Person angemessen ist. Für den einen mag es vernünftig sein, einen Nachttopf für einen anderen zu halten, nur weil er sonst bestraft wird und kein Essen mehr bekommt. Für eine andere Person ist es jedoch nicht nur für sie selbst unerträglich, einen Nachttopf zu halten, sondern es ist auch unerträglich, wenn jemand anderes diese Aufgabe für sie übernimmt. Wenn Sie mich fragen würden, ob Sie den Nachttopf halten sollen oder nicht, würde ich Ihnen sagen, dass es wichtiger ist, Nahrung zu erhalten, als sie nicht zu erhalten, und geschlagen zu werden, ist eine größere Demütigung als nicht geschlagen zu werden. Wenn Sie Ihre Entscheidung also auf der Grundlage dieser Faktoren treffen, dann halten Sie den Nachttopf. "Aber", werden Sie vielleicht sagen, "das wäre mir nicht würdig". Nun, dann ist es an Ihnen, dies zu berücksichtigen, nicht an mir. Sie sind derjenige, der seinen eigenen Selbstwert kennt und weiß, zu welchem Preis Sie bereit sind, sich zu verkaufen. Menschen verkaufen sich zu unterschiedlichen Preisen.

Deshalb riet ihm Agrippinus, als Florus überlegte, ob er Neros Schauspiele besuchen und sogar selbst daran teilnehmen sollte: "Geh nur"; und als Florus Agrippinus fragte: "Warum gehst du nicht?" Agrippinus antwortete: "Weil ich über solche Dinge gar nicht nachdenke." Sobald jemand anfängt, über solche Dinge nachzudenken und den Wert äußerer Dinge zu berechnen, ist er

KAPITEL 2 — Wie ein Mensch bei jeder Gelegenheit seinen richtigen Charakter bewahren kann

denen sehr nahe, die ihren wahren Charakter vergessen haben. Warum fragen Sie mich also, ob der Tod besser ist als das Leben? Ich sage "Leben". "Schmerz oder Vergnügen?" Ich sage "Vergnügen". Aber wenn ich nicht an dem tragischen Schauspiel teilnehme, wird mir der Kopf abgeschlagen. Also geh und mach mit, aber ich werde es nicht tun. "Warum?" Weil du dich nur als einen Faden unter vielen in einer Tunika siehst. Nun, dann war es deine Aufgabe, dafür zu sorgen, dass du so bist wie der Rest der Menschheit, so wie ein Faden nicht die Aufgabe hat, den anderen Fäden überlegen zu sein. Ich aber will violett sein, dieser kleine Teil, der hell ist und alles andere elegant und schön erscheinen lässt. Warum also soll ich mich der Mehrheit anpassen? Und selbst wenn ich das tue, wie soll ich dann noch lila sein? Auch Priscus Helvidius erkannte dies und handelte entsprechend. Als Vespasian ihn schickte und ihm befahl, nicht in den Senat einzutreten, antwortete er: "Es liegt in Eurer Macht, mir nicht zu erlauben, Mitglied des Senats zu sein, aber solange ich es bin, muss ich hineingehen." "Gut, geh hinein", sagte der Kaiser, "aber sprich nicht." "Frag mich nicht nach meiner Meinung, und ich werde schweigen." "Aber ich muss dich nach deiner Meinung fragen." "Und ich muss sagen, was ich für richtig halte." "Aber wenn du das tust, werde ich dich töten." "Wann habe ich gesagt, dass ich unsterblich bin? Du wirst deinen Teil tun, und ich werde den meinen tun: es ist deine Aufgabe zu töten; es ist meine, zu sterben, aber nicht in Furcht; deine, mich zu verbannen; meine, ohne Kummer zu gehen."

Was hat denn Priscus genützt, der nur eine Person war? Und was nützt der Purpur für die Toga? Nun, was sonst als das: Er hebt sich in der Toga als Purpur ab und dient als Vorbild für alles andere. Unter diesen Umständen hätte ein anderer Mensch Caesar, der ihm den Zutritt zum Senat untersagte, vielleicht mit den Worten "Ich weiß deine Barmherzigkeit zu schätzen" geantwortet. Vespasian hätte einem solchen Mann jedoch nicht einmal den Zutritt zum Senat verboten, denn er wusste, dass er entweder wie ein gewöhnliches Gefäß schweigen oder, wenn er sprechen würde, das sagen würde, was Cäsar wünschte, und noch mehr liefern würde.

KAPITEL 2 — Wie ein Mensch bei jeder Gelegenheit seinen richtigen Charakter bewahren kann

Ähnlich erging es einem Athleten, dem der Tod drohte, wenn er sich nicht die Genitalien amputieren ließ. Sein Bruder, ein Philosoph, trat an den Athleten heran und fragte: "Was willst du tun, Bruder? Sollen wir die Amputation vornehmen und in die Turnhalle zurückkehren?" Der Athlet blieb jedoch bei seiner Entscheidung und kam schließlich ums Leben. Als Epiktet befragt wurde, ob der Athlet als Athlet oder als Philosoph gehandelt habe, antwortete er: "Als Mensch." Er erklärte weiter, dass er bei den Olympischen Spielen als Athlet anerkannt worden sei und an ihnen teilgenommen habe. Er hatte ein solches Umfeld aus erster Hand erfahren, im Gegensatz zu jemandem, der in der Schule von Baton lediglich gesalbt wurde. Epiktet betonte, dass dieser Mensch sogar bereit gewesen wäre, seinen eigenen Kopf zu opfern, wenn er ohne ihn weiterleben könnte. Dies zeigt, welch große Bedeutung diejenigen dem Charakter beimessen, die sich daran gewöhnt haben, ihn neben anderen Dingen zu schätzen.

"Komm, Epictetus, rasiere dich." "Wenn ich ein Philosoph bin", antworte ich, "werde ich mich nicht rasieren." "Aber ich werde dir den Kopf abschlagen?" Wenn es dir etwas nützt, dann nimm ihn ab.

Jemand fragte einmal: "Wie kann jeder von uns feststellen, was zu seinem Charakter passt?" Darauf kam die Antwort: "So wie ein Stier, wenn er von einem Löwen angegriffen wird, instinktiv seine eigene Stärke erkennt und die gesamte Herde verteidigt. Es ist klar, dass das Bewusstsein, bestimmte Fähigkeiten zu haben, unmittelbar mit dem Besitz dieser Fähigkeiten verbunden ist. Daher wird jeder von uns, der solche Fähigkeiten besitzt, nicht unwissend darüber sein. Aber ein Stier oder ein mutiger Mann zu werden, geschieht nicht über Nacht. Wir müssen uns während des Winters disziplinieren, um uns auf die Schlachten im Sommer vorzubereiten, und dürfen uns nicht leichtfertig in Dinge einmischen, die uns nichts angehen. Denken Sie gründlich über den Wert nach, den Sie Ihrem eigenen Willen beimessen. Auch wenn es keinen anderen Grund gibt, sollten Sie ihn nicht für einen geringen Preis verkaufen. Die Eigenschaften von Sokrates und seinesgleichen mögen großartig und außergewöhnlich sein. Wenn wir jedoch von Natur aus zu diesen Eigenschaften neigen, warum gibt es dann nicht viel mehr Menschen, die ihm

KAPITEL 2 — Wie ein Mensch bei jeder Gelegenheit seinen richtigen Charakter bewahren kann

ähneln? Werden alle Pferde automatisch zu schnellen Läufern? Sind alle Hunde von Natur aus in der Lage, Fußspuren zu verfolgen? "Wenn ich also von Natur aus wenig inspirierend bin, sollte ich mich dann nicht anstrengen?" Sicherlich nicht. Epiktet mag Sokrates nicht übertreffen, aber wenn er ihm nicht unterlegen ist, reicht das für mich aus. Ich werde vielleicht nie ein Champion wie Milo sein, aber ich kümmere mich trotzdem um meinen Körper. Ich werde vielleicht nie so reich sein wie Krösus, aber ich verwalte trotzdem meinen Besitz. Kurzum, wir vernachlässigen keinen Aspekt unseres Lebens, nur weil wir vielleicht nie den höchsten Gipfel des Erfolgs erreichen werden.

Von der Lektion...

Machen Sie sich die Rationalität zu eigen und lehnen Sie die Irrationalität ab, denn erst durch diese Unterscheidung entdecken wir den wahren Wert und Sinn des Lebens.

Zur Aktion!

(1) Beobachten Sie und erkennen Sie, dass das Rationale erträglich ist und das Irrationale unerträglich ist.
(2) Verstehen Sie, dass das, was rational und irrational ist, für verschiedene Personen unterschiedlich sein kann.
(3) Üben Sie sich in Disziplin, um zu lernen, wie Sie das Konzept der Rationalität und Irrationalität an verschiedene Situationen anpassen können.
(4) Berücksichtigen Sie sowohl äußere Umstände als auch persönliche Werte, wenn Sie entscheiden, was rational und irrational ist.
(5) den Wert verschiedener Handlungen und Interessen in Bezug auf das eigene Wohlbefinden zu verstehen.
(6) Erkennen Sie die Bedeutung der Individualität und des Eintretens für die eigenen Prinzipien, auch wenn dies gegen gesellschaftliche Normen verstößt.
(7) Die Konsequenzen der eigenen Entscheidungen und Handlungen ohne Angst oder Bedauern akzeptieren.

KAPITEL 2 — Wie ein Mensch bei jeder Gelegenheit seinen richtigen Charakter bewahren kann

(8) Versuchen Sie, ein leuchtendes Beispiel oder eine Inspiration für andere zu sein, so wie die Farbe Lila in einem Kleidungsstück hervorsticht.

(9) Den eigenen Charakter und die eigenen Werte annehmen und verkörpern, auch angesichts von Widrigkeiten.

(10) Sich selbst disziplinieren, um persönliche Stärken und Fähigkeiten zu entwickeln und zu erkennen.

(11) Sich auf Herausforderungen und Gelegenheiten vorbereiten und trainieren, anstatt sie impulsiv zu ergreifen.

(12) Denken Sie über den Wert und die Bedeutung Ihres Testaments nach und überlegen Sie, ob es sich lohnt, es um jeden Preis zu verkaufen.

(13) Erkennen Sie an, dass Größe vielleicht nicht für jeden erreichbar ist, aber das bedeutet nicht, dass man sich selbst und seine Bemühungen vernachlässigen sollte.

(14) Streben Sie danach, Ihr volles Potenzial und Ihr persönliches Bestes zu erreichen, auch wenn es nicht zur absoluten Perfektion reicht.

(15) Sorgen Sie für sich selbst, körperlich, geistig und materiell, auch wenn Sie keine außergewöhnlichen Leistungen anstreben.

KAPITEL 3

— Wie der Mensch von dem Grundsatz, dass Gott der Vater aller Menschen ist, zum Rest übergehen soll

Nehmt eure wahre Herkunft an, denn sie ist der Schlüssel, um alle Gedanken der Unbedeutsamkeit zu vertreiben. Wenn man die Vorstellung voll akzeptiert, dass wir alle Nachkommen des Göttlichen sind, sowohl Götter als auch Menschen, dann wird jeder Gedanke an Mittelmäßigkeit aus dem Verstand vertrieben. Stellen Sie sich vor, Sie würden von Cäsar adoptiert; würden Sie nicht von Arroganz zerfressen werden? Und wenn Sie wüssten, dass Sie der Sohn des Zeus sind, würden Sie dann nicht von Stolz erfüllt sein? Doch wir widerstehen diesen Versuchungen. In der menschlichen Existenz verflechten sich Animalität und Vernunft und lassen uns die Wahl zwischen einer leidvollen sterblichen Existenz und einer freudigen göttlichen. Leider erliegt die Mehrheit der Menschen der ersten Variante, indem sie sich selbst herabsetzt und ihr größeres Potenzial ignoriert. Sie sehen sich selbst nur als erbärmliche Kreaturen, die in Fleisch und Blut gehüllt sind. Aber Sie besitzen etwas, das weitaus größer ist als Ihre physische Form. Warum also vernachlässigen Sie Ihr wahres Wesen zugunsten dieses bloßen Gefäßes? Nehmt euch in Acht, denn wenn ihr der ursprünglichen Verbindung zum Fleisch erliegt, kann das einige zu Doppelzüngigkeit und Bösartigkeit treiben und sie in Wölfe oder wilde Löwen verwandeln. Doch die große Mehrheit von uns wird wie ein Fuchs oder sogar noch schlimmer. Denn was ist ein Verleumder oder ein bösartiger Mensch, wenn nicht ein elendes Tier? Deshalb bitte ich Sie inständig, diese Warnung zu beherzigen und nicht zu einem dieser bedauernswerten Wesen zu werden.

Umarmung unseres göttlichen Potenzials

Wenn ein Mensch wirklich den Glauben annehmen würde, dass wir alle in einzigartiger Weise von Gott abstammen und dass Gott der Vater sowohl der Menschen als auch der Götter ist, dann würde er niemals irgendwelche niedrigen oder erniedrigenden Gedanken über sich selbst hegen. Wenn Cäsar dich aber adoptieren würde, könnte niemand deine Arroganz dulden. Und wenn du dir bewusst wärst, dass du der Nachkomme von Zeus bist, würdest du dann nicht vor Stolz platzen? Da die Schöpfung des Menschen eine Kombination aus dem tierischen physischen Körper und den göttlichen Qualitäten von Vernunft und Intellekt ist, neigen viele zu der bedauernswerten und sterblichen Seite unserer Natur, während nur wenige den göttlichen und glückseligen Aspekt annehmen. Da jeder Mensch gezwungen ist, sich seiner eigenen Wahrnehmung anzupassen, machen sich die wenigen, die glauben, dass sie für Loyalität, Bescheidenheit und die weise Nutzung des Scheins geschaffen wurden, keine trivialen oder niederen Gedanken über sich selbst. Die Mehrheit hingegen vertritt den gegenteiligen Standpunkt. Sie erklärt: "Was bin ich? Ein bedauernswerter, erbärmlicher Mensch mit diesem elenden Stück Fleisch". Ja, es mag erbärmlich sein, aber Sie besitzen etwas, das Ihrer physischen Hülle weit überlegen ist. Warum also vernachlässigen Sie das Überlegene und klammern sich stattdessen an das Unterlegene?

Durch diese Zugehörigkeit zum physischen Körper werden einige von uns, die dazu neigen, wie Wölfe - treulos, verräterisch und bösartig. Andere werden wie Löwen - wild und ungezähmt. Die meisten von uns werden jedoch zu Füchsen und anderen, noch unwürdigeren Kreaturen. Denn was kann man sonst über einen Verleumder oder einen böswilligen Menschen sagen, wenn nicht, dass er einem Fuchs oder einem anderen elenden und niederen

KAPITEL 3 — Wie der Mensch von dem Grundsatz, dass Gott der Vater aller Menschen ist, zum Rest übergehen soll

Geschöpf ähnelt? Seid also wachsam und achtet darauf, dass ihr nicht zu einem dieser bedauernswerten Wesen werdet.

Von der Lektion...

Nehmt eure göttliche Natur an und weist die negativen Gedanken und Verhaltensweisen zurück, die aus eurer Verbindung mit dem sterblichen Fleisch entstehen.

Zur Aktion!

(1) Besinnen Sie sich auf den Glauben, dass wir alle von Gott abstammen und dass Gott der Vater von Menschen und Göttern ist. Machen Sie sich diesen Glauben zu eigen, um ein positives Selbstbild zu kultivieren und niedrige oder unwürdige Gedanken über sich selbst zu vermeiden.

(2) Erkennen Sie, dass es nicht akzeptabel wäre, arrogant zu werden, wenn ein wichtiger Mann wie Cäsar Sie adoptieren würde. In ähnlicher Weise sollte das Wissen um Ihr göttliches Erbe als Sohn des Zeus nicht zu übermäßigem Stolz führen.

(3) Verstehen Sie, dass der Mensch sowohl einen physischen Körper besitzt, den er mit den Tieren teilt, als auch Vernunft und Intelligenz, die er mit den Göttern teilt. Entscheiden Sie sich, den göttlichen Aspekt Ihrer Natur anzunehmen, der zu Glück führt, und nicht den sterblichen und elenden Aspekt.

(4) Machen Sie sich klar, dass jeder alles nach seinen Überzeugungen und Meinungen nutzt. Diejenigen, die an Treue, Bescheidenheit und den richtigen Umgang mit Äußerlichkeiten glauben, haben ein positives Selbstbild und halten sich nicht für gemein oder unanständig.

(5) Hinterfragen Sie die Vorstellung, dass Sie nur ein "armer, elender Mensch" sind, der durch seinen physischen Körper definiert wird. Erkennen Sie, dass Sie etwas jenseits Ihres Fleisches besitzen, das besser ist und nicht vernachlässigt werden sollte.

(6) Vermeiden Sie es, sich mit negativen Eigenschaften oder Verhaltensweisen in Verbindung zu bringen, die mit der Verwandtschaft des Fleisches verbunden sind, wie z. B. treulos, verräterisch, boshaft, wild oder ungezähmt zu sein.

KAPITEL 3 — Wie der Mensch von dem Grundsatz, dass Gott der Vater aller Menschen ist, zum Rest übergehen soll

(7) Unterlassen Sie Verleumdungen und bösartiges Verhalten, das mit dem Verhalten eines Fuchses oder anderer gemeiner und gemeiner Tiere vergleichbar ist.

(8) Bemühen Sie sich bewusst darum, nicht zu einem dieser unglücklichen Wesen zu werden, und bemühen Sie sich stattdessen, positive Eigenschaften und Handlungen zu kultivieren.

KAPITEL 4

— Vom Fortschritt oder der Verbesserung

Auf der Suche nach Fortschritt und Glück muss man zunächst die Lehren der Philosophen über Verlangen und Abneigung verstehen. Indem man erkennt, dass wahre Zufriedenheit nur erreicht werden kann, wenn man die gewünschten Ergebnisse erzielt und unerwünschte Umstände vermeidet, kann man übermäßiges Verlangen beseitigen und sich ausschließlich auf die Kontrolle des eigenen Willens konzentrieren. Dieser Prozess beinhaltet, dass man seine Abneigung nur auf Dinge richtet, die man selbst unter Kontrolle hat, da der Versuch, externe Faktoren zu vermeiden, zu Unglück führen kann. Tugend, die Ruhe und Glück verspricht, ist das Endziel, und jeder Fortschritt auf dem Weg dorthin ist ein Fortschritt auf dem Weg zu einem erfüllten Leben. Es ist jedoch wichtig, zwischen Fortschritten in der Tugend und Fortschritten in anderen Lebensbereichen zu unterscheiden, da erstere zu echter Verbesserung und Ruhe führen, während letztere nur oberflächliche Gewinne bringen können. Der Schlüssel zur Verbesserung liegt in der Beherrschung von Verlangen und Abneigung, so dass man nicht enttäuscht oder getäuscht werden kann. Daher ist es entscheidend, sich auf Selbstdisziplin zu konzentrieren, der Natur treu zu bleiben und die eigenen Handlungen an moralischen Prinzipien auszurichten, um echte Fortschritte zu erzielen.

KAPITEL 4 — Vom Fortschritt oder der Verbesserung

Die Bedeutung von Tugend und wahrem Fortschritt

Derjenige, der Fortschritte macht und von den Philosophen gelernt hat, dass Begehren das Verlangen nach guten Dingen und Abneigung die Abneigung gegen schlechte Dinge bedeutet, und der auch gelernt hat, dass Glück und Ruhe vom Menschen nicht anders erreicht werden können, als dass er das, was er begehrt, nicht verfehlt und nicht in das gerät, was er vermeiden möchte, der entfernt das Begehren vollständig von sich und schiebt es auf, aber wendet seine Abneigung nur auf Dinge an, die von seinem Willen abhängen. Denn wenn er versucht, alles zu vermeiden, was außerhalb seiner Kontrolle liegt, weiß er, dass er manchmal auf etwas stoßen wird, das er vermeiden möchte, und er wird unglücklich sein. Wenn nun die Tugend Glück, Ruhe und Glück verheißt, dann ist der Fortschritt in Richtung Tugend sicherlich ein Fortschritt in Richtung all dieser Dinge. Es ist immer wahr, dass der Fortschritt eine Annäherung an das Ziel ist, zu dem uns die Vervollkommnung von etwas führt.

Wie kann man also zugeben, dass die Tugend eine solche ist, wie ich gesagt habe, und dennoch den Fortschritt in anderen Dingen suchen und ihn zur Schau stellen? Was ist das Ergebnis der Tugend? Gelassenheit. Wer macht denn den Fortschritt?

Hat er viele Bücher von Chrysippus gelesen? Aber definiert der Verstand die Tugend?

Chrysippus? Wenn dies der Fall ist, dann besteht der Fortschritt einfach darin, dass wir ein umfassendes Wissen über Chrysippus erlangen. Nun erkennen wir aber an, dass die Tugend nur eine Sache hervorbringt, und wir behaupten, dass die Annäherung an sie eine andere Sache ist, nämlich Fortschritt oder Verbesserung. "Ein solcher Mensch", sagt jemand, "kann Chrysippus schon selbständig lesen." Wahrhaftig, mein Herr, Sie machen einen bedeutenden Fortschritt. Was für ein Fortschritt? Aber warum machen Sie den Mann lächerlich? Warum lenken Sie seine Aufmerksamkeit von seinem eigenen Missgeschick ab? Wollen Sie ihm nicht die Auswirkungen der Tugend vor Augen führen, damit er lernt, wo er sich verbessern muss? Sieh dort nach, du unglückliche Seele, wo deine Bemühungen liegen. Und wo liegen deine Bemühungen? Im Begehren und in der Abneigung, damit du in deinem Begehren keine Enttäuschung findest und nicht in das hineinfällst, was du vermeiden willst; in deinem Streben und in der Vermeidung, damit du keine Fehler machst; im Geben von Zustimmung und im Verweigern von Zustimmung, damit du nicht getäuscht wirst. Die ersten und wichtigsten Dinge sind die, die ich erwähnt habe. Aber wenn ihr nicht mit Furcht und Sorge danach strebt, das zu vermeiden, was ihr verabscheut, sagt mir, wie kommt ihr dann voran?

Zeigen Sie mir dann Ihre Fortschritte in diesen Bereichen? Wenn ich mit einem Athleten sprechen würde, würde ich sagen: "Zeig mir deine Schultern"; und dann könnte er sagen: "Hier sind meine Hanteln." Sie und Ihre Hanteln schauen daraufhin. Ich sollte antworten: "Ich möchte die Wirkung der Hanteln sehen." Also, wenn du sagst: "Nimm die Abhandlung über die aktiven Kräfte und sieh, wie ich sie studiert habe", antworte ich: "Sklave, ich frage nicht danach, sondern danach, wie du das Streben und Vermeiden, das Begehren und die Abneigung ausübst, wie du planst und dich vorbereitest, ob es in Übereinstimmung mit der Natur ist oder nicht. Wenn es in Übereinstimmung ist, beweise es, und ich werde deinen Fortschritt anerkennen. Aber wenn es nicht in Übereinstimmung ist, dann geh und erkläre nicht nur deine Bücher, sondern schreibe selbst solche Bücher, und was wirst du davon haben? Wisst ihr nicht, dass das ganze Buch nur fünf Denare kostet? Scheint der Erklärer dann mehr wert zu sein als fünf Denare? Deshalb sollst du nie an einem Ort nach der Sache selbst suchen und an einem anderen Ort zu ihr vordringen." Wo ist denn der Fortschritt? Wenn einer von euch, indem er sich von den äußeren Dingen abwendet, sich auf seinen eigenen Willen konzentriert, um ihn durch harte Arbeit zu üben und zu verbessern, um ihn in Übereinstimmung mit der Natur, erhaben, frei, uneingeschränkt, ungehindert, loyal und demütig zu machen; und wenn er gelernt hat, dass jemand, der Dinge begehrt oder vermeidet, die nicht in seiner Macht stehen, weder loyal noch frei sein kann, sondern sich mit ihnen verändern und von ihnen wie in einem Sturm umhergeworfen werden muss und sich notwendigerweise anderen unterwerfen muss, die die Macht haben, das zu erlangen oder zu verhindern, was er begehrt oder vermeiden will; schließlich, wenn er morgens aufwacht, wenn er diesen

Grundsätzen folgt und sich an sie hält, wie ein treuer Mensch badet, wie ein bescheidener Mensch isst; in gleicher Weise, wenn er in jeder Situation, die sich ergibt, seine Grundprinzipien ausarbeitet, wie ein Läufer beim Laufen und ein Stimmtrainer bei der Stimme. Dies ist der Mensch, der wirklich Fortschritte macht, und dies ist der Mensch, der nicht vergeblich gereist ist. Wenn er sich aber mit dem Lesen von Büchern abmüht und sich nur damit abmüht und aus diesem Grund gereist ist, sage ich ihm, er soll sofort nach Hause zurückkehren und dort seine Angelegenheiten nicht vernachlässigen; aus diesem Grund ist seine Reise sinnlos. Die andere Sache aber ist, zu studieren, wie ein Mensch sein Leben von Jammern und Seufzen und von den Worten "Weh mir" und "Ich bin elend" befreien kann, und es auch von Unglück und Enttäuschung zu befreien, und zu lernen, was Tod, Verbannung und Gefängnis sind, damit er, wenn er in Ketten liegt, sagen kann: "Lieber Krito, wenn es der Wille der Götter ist, dann soll es so sein"; und nicht zu sagen: "Ich bin elend, ein alter Mann; habe ich dafür meine grauen Haare erhalten?" Wer sagt das? Glaubst du, ich würde einen Menschen ohne Ansehen der Person und mit niedrigem Stand nennen? Sagt dies nicht Priamos? Sagt das nicht Ödipus? Eigentlich sagen es alle Könige! Denn was ist die Tragödie anderes als die Unruhe der Menschen, die das Äußere schätzen, die in dieser Art von Dichtung dargestellt wird? Aber wenn der Mensch durch die Fiktion lernen muss, dass die äußeren Dinge, die vom Willen unabhängig sind, uns nichts angehen, dann möchte ich für diesen Teil diese Fiktion, durch die ich glücklich und ungestört leben könnte. Aber ihr müsst selbst entscheiden, was ihr wollt.

Was lehrt uns Chrysippus? Die Antwort ist, zu verstehen, dass diese Dinge nicht falsch sind, von denen das Glück und die Gelassenheit herrühren. Nimm meine Bücher, und du wirst entdecken, wie wahr und naturgemäß die Dinge sind, die mich von Störungen befreien. Oh, welch außergewöhnliches Glück! Oh, der große Wohltäter, der uns den Weg zeigt! Für Triptolemus haben alle Menschen Tempel und Altäre gebaut, weil er uns durch den Anbau mit Nahrung versorgt hat. Aber für ihn, der die Wahrheit aufgedeckt, ans Licht gebracht und mit allen geteilt hat - nicht die

Wahrheit, die uns lehrt, wie wir leben sollen, sondern wie wir gut leben sollen -, hat irgendjemand von euch einen Altar oder einen Tempel gebaut oder eine Statue geweiht? Verehrt jemand Gott aus diesem Grund? Wir bringen den Göttern Opfer dar, weil sie uns Wein und Weizen gegeben haben, aber werden wir Gott nicht dafür danken, dass er im menschlichen Geist die Frucht hervorgebracht hat, die die Wahrheit über das Glück offenbaren sollte?

Von der Lektion...

Konzentrieren Sie sich darauf, Ihren eigenen Willen und Ihre Wünsche zu verbessern, sie mit der Natur in Einklang zu bringen und inneres Wachstum über äußere Errungenschaften oder Wissen zu stellen.

Zur Aktion!

(1) Lernen Sie von den Philosophen, dass Verlangen das Verlangen nach guten Dingen und Abneigung die Abneigung gegen schlechte Dinge bedeutet.

(2) Erkennen Sie, dass Glück und Ruhe nur dann erreicht werden können, wenn Sie das, was Sie sich wünschen, nicht verfehlen und das, was Sie vermeiden möchten, vermeiden.

(3) Nehmen Sie das Verlangen ganz weg und schieben Sie es auf, indem Sie Abneigung nur bei Dingen anwenden, die von Ihrem Willen abhängig sind.

(4) Verstehe, dass Fortschritt in Richtung Tugend ein Fortschritt in Richtung Glück, Ruhe und Zufriedenheit ist.

(5) Konzentrieren Sie sich darauf, Verlangen und Abneigung, Streben und Vermeiden, Zustimmung und Aufhebung der Zustimmung zu verbessern, um Enttäuschungen und Täuschungen zu vermeiden.

(6) Achte darauf, deinen Willen zu üben und ihn zu verbessern, indem du ihn der Natur anpasst, indem du ihn erhebst, frei und ungehemmt machst.

(7) Erkennen Sie, dass Fortschritte nicht einfach durch das Lesen von Büchern oder das Aneignen von Wissen gemessen werden, sondern durch die Anwendung und das Praktizieren von Prinzipien im täglichen Leben.

(8) Bemühe dich, dein Leben von Klagen, Seufzen und Unglück zu befreien, und lerne, Tod, Exil, Gefängnis und Gift zu akzeptieren und Frieden damit zu schließen.

(9) Verstehen Sie, dass äußere Dinge, die unabhängig vom Willen sind, uns nicht wirklich betreffen und konzentrieren Sie sich auf das, was Glück und Ruhe bringt.

(10) Schätzen Sie die Lehren von Philosophen wie Chrysippus, aber denken Sie daran, dass der wahre Wert in dem Wissen liegt, wie man gut leben kann, und nicht nur im Erwerb von Wissen selbst.

(11) Ziehen Sie in Erwägung, Altäre, Tempel oder Statuen zu errichten oder Gott anzubeten, um die Wahrheit zu entdecken und mitzuteilen, die sich auf das Glück bezieht.

KAPITEL 5

— Gegen die Akademiker

In einer Welt, in der der Widerstand gegen unbestreitbare Wahrheiten den Fortschritt behindern kann, wirft Epiktet eine wichtige Frage auf: Wie können wir diejenigen überzeugen, die selbst angesichts unwiderlegbarer Beweise stur bleiben? Er behauptet, dass diese Herausforderung nicht von der Stärke des Widerstands herrührt, sondern vielmehr von einer Verhärtung des Verstandes und einem Mangel an Scham. Viele fürchten sich vor körperlichem Unbehagen, schenken aber der Kasteiung der Seele wenig Beachtung. Während einige Menschen nicht in der Lage sind, zu verstehen, entscheiden sich andere bewusst dafür, die Wahrheit zu ignorieren oder ihr zu widerstehen, und versinken so immer tiefer in einen Zustand der Apathie oder sogar des moralischen Verfalls. In dieser Erkundung der menschlichen Natur lädt Epiktet uns ein, die Folgen eines solchen Widerstands zu untersuchen, und beleuchtet die Gefahren eines abgestumpften Bewusstseins und eines geschwächten Sinns für persönliche Integrität.

Die Bedeutung von Überzeugungskraft und Aufgeschlossenheit

Wenn ein Mensch offensichtliche Wahrheiten ablehnt, so Epiktet, ist es nicht leicht, Argumente zu finden, die ihn dazu bringen, seine Meinung zu ändern. Diese Herausforderung ergibt sich jedoch nicht aus der Stärke des Menschen oder der Schwäche des Lehrers. Wenn ein Mensch hartnäckig bleibt, auch wenn er im Unrecht ist, wird es schwierig, ihn durch Argumente zu überzeugen.

KAPITEL 5 — Gegen die Akademiker

Es gibt zwei Arten der Verhärtung: die Verhärtung des Geistes und die Verhärtung des Schamgefühls. Manche Menschen weigern sich, das Offensichtliche zu akzeptieren und widersprechen sich beharrlich. Während die meisten von uns die körperliche Demütigung fürchten und Maßnahmen ergreifen, um sie zu vermeiden, vernachlässigen wir die Demütigung unserer Seele. Wenn es einer Person an Verständnis und Wahrnehmung mangelt, betrachten wir sie als negativ, wenn es um ihre Seele geht. Wenn jedoch das Schamgefühl und die Bescheidenheit vermindert sind, nehmen wir dies als Machtdemonstration wahr.

Verstehen Sie, dass Sie wach sind? "Nein", antwortet der Mann, "denn ich merke nicht einmal, wenn ich träume, dass ich glaube, wach zu sein". Unterscheidet sich diese Wahrnehmung dann nicht von den anderen? "Überhaupt nicht", antwortet er. Sollte ich mich trotzdem mit diesem Mann auseinandersetzen? Und welche Methode oder Kraft soll ich anwenden, um ihn spüren zu lassen, dass er betäubt ist? Er nimmt es zwar wahr, aber er tut so, als ob er es nicht täte. Er ist noch schlimmer als ein lebloser Mensch. Er sieht den Widerspruch nicht: Er befindet sich in einem schrecklichen Zustand. Eine andere Person sieht es, ist aber ungerührt und zeigt keine Besserung: Sie ist sogar in einem noch schlechteren Zustand. Ihre Bescheidenheit und ihr Schamgefühl sind verschwunden, und ihre Vernunft wurde ihnen nicht genommen, aber sie wurde entmenschlicht. Soll ich das Beharrlichkeit nennen? Definitiv nicht, es sei denn, man würde es auch bei verweichlichten Männern so nennen, die in der Öffentlichkeit tun und sagen, was sie wollen.

Von der Lektion...

Sieh den offensichtlichen Wahrheiten ins Auge und verhärte nicht deinen Verstand oder dein Schamgefühl, denn das führt nur dazu, dass du dich in einem schlechten Zustand befindest und schlimmer dran bist als ein toter Mann.

Zur Aktion!

(1) Erkennen Sie an, dass es nicht einfach ist, die Meinung von Menschen zu ändern, die sich offensichtlichen Wahrheiten widersetzen.

(2) Verstehen Sie, dass diese Schwierigkeiten nicht auf die Stärke der Person oder die Schwäche des Lehrers zurückzuführen sind.

(3) Erkennen Sie an, dass manche Menschen ihr Verständnis und ihr Schamgefühl verfestigen und sich weigern, das Offensichtliche zu akzeptieren oder aufzuhören, sich selbst zu widersprechen.

(4) Denken Sie darüber nach, dass viele Menschen die körperliche Abtötung fürchten, aber die Abtötung der Seele übersehen.

(5) Wenn ein Mensch nicht in der Lage ist, etwas zu begreifen oder zu verstehen, bedeutet das einen negativen Zustand für die Seele.

(6) Machen Sie sich klar, dass es als eine Form der Macht angesehen wird, wenn das Schamgefühl und die Bescheidenheit eines Menschen abgetötet werden.

(7) Stellen Sie in Frage, ob es sinnvoll ist, mit jemandem zu streiten, der behauptet, selbst im Wachzustand nichts zu verstehen.

(8) Machen Sie sich klar, dass diese Person eine andere Wahrnehmung hat als andere, und dass sie selbst diesen Unterschied vielleicht nicht wahrhaben will.

(9) Denken Sie über die Grenzen der Argumentation mit jemandem nach, der seine eigene Wahrnehmung leugnet.

(10) Erforschen Sie alternative Ansätze, wie die Verwendung von Feuer oder Eisen als Metaphern, um jemandem zu helfen, seinen abgestumpften Zustand zu erkennen.

(11) Derjenige, der sich des Widerspruchs bewusst ist, sich aber nicht bewegt und stagniert, befindet sich in einem schlechteren Zustand.

(12) Erkennen Sie, dass die Bescheidenheit und das Schamgefühl der Person ausgelöscht und ihr rationales Vermögen herabgesetzt worden ist.

(13) Bedenken Sie die Auswirkungen eines solchen Zustands auf die Geisteskraft und die Rationalität des Einzelnen.

KAPITEL 6

— Von der Vorsehung

Werden Sie Zeuge der tiefgreifenden Verflechtung der Welt, in der sich das komplizierte Design der Schöpfung mit Sinn und Einfallsreichtum entfaltet. In diesem Wandteppich der Existenz offenbart sich die Vorsehung jenen, die ein scharfsinniges Auge und ein dankbares Herz besitzen. Innerhalb des großen Entwurfs verschmilzt die Fähigkeit des Sehens nahtlos mit den lebendigen Farben des Lebens und lädt dazu ein, das Werk einer höheren Macht zu betrachten. Während wir durch das Reich der Sinneserfahrungen navigieren, formt und transformiert unser Verstand Eindrücke und offenbart uns Einblicke in die göttliche Kunstfertigkeit, die uns umgibt. Über die bloße Erfüllung von Instinktbedürfnissen hinaus ist die Menschheit dazu berufen, eine höhere Berufung anzunehmen - nicht nur Beobachter, sondern Interpreten der Wunder zu sein, die sich vor uns entfalten. Lassen wir uns also nicht passiv durchs Dasein treiben, sondern begeben wir uns auf die Suche nach wahrer Erleuchtung, denn in diesem Streben liegt der Sinn und die Erfüllung unseres Daseins.

Die Macht der Wahrnehmung und der Dankbarkeit

Von allem, was in der Welt existiert oder geschieht, ist es leicht, die Vorsehung zu preisen, vorausgesetzt, der Mensch besitzt zwei Eigenschaften: die Fähigkeit, das zu erkennen, was zu allen Menschen und Dingen gehört, und eine dankbare Haltung. Ohne diese Eigenschaften kann es sein, dass der eine den Zweck und das

KAPITEL 6 — Von der Vorsehung

Geschehen der Dinge nicht erkennt, während der andere sie nicht zu schätzen weiß, selbst wenn er sie kennt. Wenn Gott zwar Farben geschaffen hätte, aber nicht die Fähigkeit, sie zu sehen, was wäre dann ihr Zweck? Überhaupt keinen. Wenn er die Fähigkeit des Sehens verliehen hätte, aber keine Objekte geschaffen hätte, die wahrgenommen werden können, welchen Nutzen hätte sie dann? Überhaupt keinen. Nehmen wir nun an, er hätte beides geschaffen, uns aber kein Licht gegeben. In diesem Fall wären sie immer noch nutzlos. Wer ist also dafür verantwortlich, dass eine Sache mit einer anderen zusammenpasst? Wer hat das Messer mit seinem Etui verbunden? Ist es niemand? In der Tat, wenn wir das komplizierte Design vollendeter Dinge beobachten, schließen wir daraus, dass sie von einem Künstler hergestellt wurden und nicht zufällig konstruiert sind. Zeigen nicht auch die sichtbaren Dinge, das Sehvermögen und das Licht diesen Schöpfer? Zeigen die Existenz von Mann und Frau, ihr Wunsch nach Vereinigung und ihre Fähigkeit, ihre jeweiligen Teile zu nutzen, nicht auch den Handwerker? Wenn nicht, lassen Sie uns unseren Verstand betrachten, mit dem wir nicht nur Eindrücke von sinnlichen Objekten empfangen, sondern auch Elemente aus ihnen auswählen, abziehen, hinzufügen und kombinieren, um etwas zu schaffen, das ihnen ähnlich ist. Sollte dies nicht ausreichen, um einige Menschen zu stimulieren und sie davon abzuhalten, den Handwerker zu übersehen? Wenn nicht, müssen sie uns erklären, wie jedes einzelne Ding zustande kommt oder wie es überhaupt möglich ist, dass solch wunderbare Schöpfungen, die den Geräten der Kunst ähneln, nur durch Zufall oder durch ihre eigene Bewegung existieren.

Was sind denn diese Dinge, die nur in uns geschehen? In der Tat werden viele Dinge nur in uns getan, die das vernünftige Tier in besonderer Weise benötigt. Sie werden jedoch viele Gemeinsamkeiten zwischen uns und den irrationalen Tieren finden. Verstehen sie, was getan wird? Auf keinen Fall. Der Gebrauch ist eine Sache, das Verstehen eine andere. Gott brauchte die irrationalen Tiere, um die Erscheinungen zu nutzen, aber er brauchte uns, um den Nutzen der Erscheinungen zu verstehen. Deshalb reicht es ihnen, zu essen, zu trinken, zu schlafen, sich zu paaren und all die anderen Dinge zu tun, die sie tun. Aber für uns, denen er auch die Fähigkeit gegeben hat, sind diese Dinge nicht ausreichend. Wenn wir nicht in der richtigen und geordneten Weise handeln, entsprechend der Natur und der Beschaffenheit jeder Sache, werden wir niemals unser wahres Ziel erreichen. Unterschiedliche Konstitutionen von Lebewesen führen zu unterschiedlichen Handlungen und Zielen. Bei den Tieren, deren Konstitution nur auf den Gebrauch ausgerichtet ist, genügt der Gebrauch allein. Aber bei einem Tier, das auch die Fähigkeit hat, den Gebrauch zu verstehen, wird es ohne die richtige Ausübung des Verstandes niemals sein eigentliches Ziel erreichen. Gott hat also jedem Tier einen bestimmten Zweck zugewiesen - dem einen, um gegessen zu werden, dem anderen, um Ackerbau zu betreiben, dem dritten, um Käse herzustellen, und dem dritten, um einen ähnlichen Zweck zu erfüllen. Für diese Zwecke ist es nicht nötig, das Äußere zu verstehen und zu unterscheiden. Gott hat jedoch den Menschen zum Betrachter seiner selbst und seiner Werke gemacht, nicht nur zum Betrachter, sondern auch zum Ausleger. Deshalb ist es eine Schande für den Menschen, dort zu beginnen und zu enden, wo die irrationalen Tiere es tun. Stattdessen sollte der Mensch dort beginnen, wo sie beginnen, und dort enden, wo die Natur in uns endet - in Kontemplation und Verständnis - in einer Lebensweise, die mit der Natur im Einklang steht. Passen Sie also auf, dass Sie nicht sterben, ohne diese Dinge erlebt zu haben.

Aber wenn ihr eine Reise nach Olympia macht, um das Werk von Phidias zu sehen, denkt ihr alle, es wäre ein Unglück zu sterben, ohne solche Dinge gesehen zu haben. Wenn es aber nicht nötig ist, zu reisen, und ihr bereits an einem Ort seid, wo ihr die Werke Gottes vor euch habt, würdet ihr dann nicht wünschen, sie zu sehen und zu verstehen? Würdest du nicht erkennen, wer du bist oder wozu du geboren wurdest oder was dieses Leben ist, für das du die Gabe des Sehens erhalten hast? Ich weiß, dass du vielleicht sagst: "Es gibt einige unangenehme und lästige Dinge im Leben". Aber gibt es keine in Olympia? Wird man nicht von der Sonne verbrannt? Sind Sie nicht überfüllt von Menschen? Fehlt es Ihnen nicht an bequemen Bademöglichkeiten? Werden Sie nicht nass, wenn es regnet? Erleben

KAPITEL 6 — Von der Vorsehung

Sie nicht übermäßigen Lärm, Geschrei und andere unangenehme Dinge? Ich gehe jedoch davon aus, dass Sie in Anbetracht der Größe des Spektakels bereit sind, all diese Dinge zu ertragen und auszuhalten.

Habt ihr denn nicht die Fähigkeiten erhalten, mit denen ihr alles, was geschieht, ertragen könnt? Habt ihr nicht die Größe der Seele erhalten? Habt ihr keine Männlichkeit erhalten? Habt ihr keine Ausdauer erhalten? Und warum soll ich mich um alles sorgen, was geschehen kann, wenn ich die Größe der Seele besitze? Was soll mich ablenken, was soll mich stören, was soll mir schmerzlich erscheinen? Soll ich die Kraft nicht für die Zwecke nutzen, für die ich sie erhalten habe, und soll ich mich über das, was geschieht, grämen und beklagen?

Ja, aber meine Nase läuft. Also, Sklave, wozu dienen deine Hände? Ist es nicht, um dir die Nase zu putzen? Ist es denn vernünftig, dass die Nasen auf der Welt laufen? Nein, es ist viel besser, sich die Nase zu putzen, als sich zu beschweren. Kannst du dir vorstellen, was Herkules gewesen wäre, wenn es keine Löwen, Hydren, Hirsche, Eber und ungerechte und bestialische Menschen gegeben hätte, die er vertreiben musste? Was hätte er getan, wenn es nicht solche Herausforderungen gegeben hätte? Ganz klar, er hätte sich eingemummelt und geschlafen. Erstens wäre er nicht Herkules gewesen, wenn er sein Leben damit verbracht hätte, in Luxus und Leichtigkeit zu träumen. Und selbst wenn er Herkules gewesen wäre, wozu wäre er dann gut gewesen? Wozu wären seine Arme, seine Kraft, seine Ausdauer und sein edler Geist gut gewesen, wenn die Umstände ihn nicht geweckt und geprüft hätten? Sollte sich ein Mann also Löwen, Wildschweine und Hydrae zulegen, um damit zu üben? Das wäre töricht und wahnsinnig. Aber da es sie gab und sie gefunden wurden, waren sie nützlich, um zu zeigen, wer Herkules war, und um ihn herauszufordern.

Komm also auch du, nachdem du diese Dinge beobachtet hast, betrachte die Fähigkeiten, die du hast, und sage, nachdem du sie betrachtet hast: "Bringe nun, o Zeus, jede Schwierigkeit, die dir gefällt, denn ich habe Mittel, die mir von dir gegeben wurden, und Kräfte, um mich durch die Dinge, die geschehen, zu ehren." Ihr tut das nicht, sondern sitzt still da, zitternd vor Angst, dass etwas geschieht, und weinend, klagend und seufzend über das, was geschieht, und dann beschuldigt ihr die Götter. Denn was ist die Folge einer solchen Geizigkeit, wenn nicht Gottlosigkeit? Und doch hat Gott uns nicht nur diese Fähigkeiten gegeben, mit denen wir alles, was geschieht, ertragen können, ohne daran zu zerbrechen oder zu zermürben, sondern er hat uns diese Fähigkeiten wie ein guter König und ein wahrer Vater gegeben, ungehindert, ohne Zwang, ungehindert, und er hat sie ganz in unsere eigene Macht gestellt, ohne dass er sich selbst irgendeine Macht vorbehalten hätte, uns zu behindern oder zu hindern. Ihr, die ihr diese Kräfte frei und als eure eigenen empfangen habt, benutzt sie nicht; ihr seht nicht einmal, was ihr empfangen habt und von wem; einige von euch sind blind für den Geber und erkennen ihren Wohltäter nicht einmal an, und andere verfallen in ihrer Bosheit in Schuldzuweisungen und Anklagen gegen Gott. Doch ich will euch zeigen, dass ihr Kräfte und Mittel für seelische Größe und Männlichkeit habt, aber welche Kräfte ihr habt, um Fehler zu finden und Anklagen zu erheben, das zeigt mir.

Von der Lektion...

Nehmen Sie die Talente und Segnungen, die Sie haben, an und schätzen Sie sie, erkennen Sie den Sinn und die Pracht in jedem Aspekt des Lebens, und nutzen Sie Ihre angeborene Kraft und Widerstandsfähigkeit, um Herausforderungen mit Mut und Wertschätzung zu begegnen.

Zur Aktion!

(1) Kultivieren Sie die Fähigkeit zu sehen, was zu allen Personen und Dingen gehört und geschieht.
(2) Entwickeln Sie eine dankbare Haltung und üben Sie Dankbarkeit für die Dinge, die geschehen.
(3) Erkennen Sie den Zweck und die Verwendung von Dingen in der Welt.
(4) Erkennen Sie die Existenz einer höheren Macht oder eines göttlichen Schöpfers an.
(5) Verstehen Sie, dass sichtbare Dinge, die Fähigkeit zu sehen und das Licht das Werk eines Schöpfers sind.

KAPITEL 6 — Von der Vorsehung

(6) Denken Sie über die Gestaltung und den Zweck von Mann und Frau sowie über ihren Wunsch nach Verbindung nach.

(7) Nutzen Sie die Fähigkeiten des Verstehens und der Auswahl von Eindrücken aus sinnlichen Objekten.

(8) Vergessen Sie nicht den Menschen, der hinter den Schöpfungen und Phänomenen der Welt steht.

(9) Erkennen, dass es gemeinsame Bedürfnisse zwischen Menschen und irrationalen Tieren gibt, aber auch die Bedeutung der Kraft des Verstehens beim Menschen verstehen.

(10) Handeln Sie in einer angemessenen und geordneten Art und Weise, die der Natur und der Beschaffenheit eines jeden Dinges entspricht, um unser wahres Ziel zu erreichen.

(11) Geben Sie sich nicht mit einem Leben zufrieden, das dem der irrationalen Tiere gleicht, sondern streben Sie durch Kontemplation und Verständnis nach einem höheren Ziel.

(12) Versuchen Sie zu verstehen, was wir sind, wozu wir geboren wurden und welchen Zweck unser Sehvermögen hat.

(13) Üben Sie die von Gott gegebenen Fähigkeiten und Kräfte aus, um alles zu ertragen und auszuhalten, was geschieht.

(14) Konzentrieren Sie sich darauf, unsere Befugnisse für die Zwecke zu nutzen, für die wir sie erhalten haben, anstatt sich zu beschweren oder Fehler zu finden.

(15) Erkennen Sie, dass Schwierigkeiten und Herausforderungen dazu dienen können, unsere Fähigkeiten und Kräfte zu trainieren und zu entwickeln.

(16) Vertrauen Sie auf die Fähigkeiten und Kräfte, die uns von Gott gegeben wurden, um uns durch die Dinge, die geschehen, zu ehren.

(17) Vermeiden Sie es, sich durch die Dinge, die geschehen, deprimieren oder kaputt machen zu lassen, und sehen Sie sie stattdessen als Chancen für Wachstum und Entwicklung.

(18) Erkennen Sie die Großzügigkeit und das Wohlwollen Gottes an, der uns diese Fähigkeiten und Kräfte gegeben hat, und schätzen Sie sie.

(19) Übernehmen Sie die Verantwortung für den wirksamen Einsatz unserer Fähigkeiten und Kräfte, denn wir haben sie selbst in der Hand.

(20) Strebt nach seelischer Größe und Männlichkeit, anstatt euch in Geiz und Schuldzuweisungen zu ergehen.

(21) Erkennen Sie, wie pietätlos es ist, die Götter für unsere eigene Geizigkeit und mangelnde Wertschätzung für die uns gegebenen Fähigkeiten und Kräfte verantwortlich zu machen.

KAPITEL 7

— Vom Gebrauch sophistischer und hypothetischer Argumente und dergleichen

Im Bereich der Argumentation ist der Umgang mit sophistischen und hypothetischen Argumenten sowie mit solchen, die auf Fragen beruhen, von großer Bedeutung für unser tägliches Leben, auch wenn sich viele dieser Wahrheit nicht bewusst sind. Jede Angelegenheit, mit der wir konfrontiert werden, veranlasst uns, die Weisheit und Führung tugendhafter Menschen zu suchen, um den richtigen Weg und die richtige Methode zu finden, um an die Sache heranzugehen. Daher ist es unerlässlich zu erkennen, dass ein ernsthaftes Individuum davon absehen sollte, sich auf den Wettstreit von Fragen und Antworten einzulassen, oder wenn es daran teilnimmt, muss es mit Vorsicht vorgehen und vermeiden, voreilig oder unvorsichtig zu handeln. Wenn jedoch keine dieser beiden Optionen zulässig ist, dann muss man zugeben, dass eine gewisse Untersuchung der Themen, die üblicherweise bei Fragen und Antworten verwendet werden, notwendig ist. Der letztendliche Zweck des Denkens ist es ja, die Wahrheit festzustellen, Unwahrheiten zu verwerfen und Behauptungen, denen es an Klarheit mangelt, die Zustimmung zu verweigern. Aber reicht es aus, dies nur zu verstehen? Nein, es sind noch weitere Kenntnisse und Fähigkeiten erforderlich, um die Feinheiten der Argumentation effektiv zu beherrschen und zwischen wahren und falschen

KAPITEL 7 — Vom Gebrauch sophistischer und hypothetischer Argumente und dergleichen

Behauptungen zu unterscheiden. Man muss auch die Fähigkeit besitzen, gültige Konsequenzen zu erkennen und die Beziehung zwischen den verschiedenen Komponenten eines Arguments zu verstehen. Um zu vermeiden, dass man von Sophisten getäuscht wird, die eine fehlerhafte Argumentation ausnutzen, ist es unerlässlich, sich in die Praxis und Übung schlüssiger Argumente und Zahlen zu vertiefen. In bestimmten Situationen kann es trotz der richtigen Annahmen oder Prämissen zu einem Ergebnis kommen, das unwahr ist. In solchen Fällen kann man sich fragen, ob man die Unwahrheit zugeben soll, aber ein solches Eingeständnis erweist sich als unmöglich. Die Alternative besteht also darin, zuzugeben, dass die Folge nicht aus den gegebenen Prämissen resultiert. Dies bringt jedoch eigene Herausforderungen mit sich: Wir müssen sorgfältig prüfen, ob die Prämissen durchgängig kohärent sind, und wenn dies nicht der Fall ist, sollten wir unsere ursprüngliche Zustimmung zurückziehen und Schlussfolgerungen ablehnen, die nicht logisch aus unserer vorherigen Zustimmung folgen. Durch diesen Prozess der Prüfung und Unterscheidung werden wir zu einem tieferen Verständnis der Argumentation und ihrer Bedeutung für unser Leben gelangen.

Die Bedeutung einer geschickten Argumentation und Fragestellung

Der Umgang mit sophistischen und hypothetischen Argumenten sowie mit Argumenten, die sich aus Fragen ableiten, und im Grunde genommen der Umgang mit allen derartigen Argumenten sind für die Pflichten des Lebens relevant, obwohl sich viele dieser Wahrheit nicht bewusst sind. In jeder Angelegenheit versuchen wir zu verstehen, wie der weise und gute Mensch den richtigen Weg und den angemessenen Ansatz für den Umgang mit dem Problem findet. Daher sollten die Menschen entweder anerkennen, dass ein ernsthafter Mensch sich nicht auf den Wettstreit von Fragen und Antworten einlässt, oder dass er, wenn er sich daran beteiligt, sehr darauf achtet, sich nicht unüberlegt oder unvorsichtig zu verhalten. Wenn sie jedoch keine dieser beiden Möglichkeiten in Betracht ziehen, müssen sie zugeben, dass einige Untersuchungen zu den Themen durchgeführt werden sollten, bei denen Fragen und

KAPITEL 7 — Vom Gebrauch sophistischer und hypothetischer Argumente und dergleichen

Antworten besonders häufig eingesetzt werden. Denn was ist das eigentliche Ziel der Argumentation?

Wahre Sätze aufstellen, falsche ausschließen und denjenigen, die nicht klar sind, die Zustimmung verweigern. Reicht es also aus, nur dies gelernt zu haben? "Es ist ausreichend", könnte man antworten. Reicht es dann auch aus, wenn jemand, der Fehler im Umgang mit Falschgeld vermeiden will, die Anweisung gehört hat, echte Münzen anzunehmen und die falschen abzulehnen? "Das reicht nicht aus." Was sollte also noch zu dieser Anweisung hinzugefügt werden? Was anderes als die Fähigkeit, echte und gefälschte Münzen nachzuweisen und zu unterscheiden? Daher ist das Gesagte auch in der Argumentation nicht ausreichend, sondern es ist notwendig, dass der Mensch die Fähigkeit erwirbt,...

Es ist notwendig, das Wahre vom Falschen zu untersuchen und zu unterscheiden, ebenso wie das, was nicht klar ist. Was wird darüber hinaus in der Argumentation vorgeschlagen? Es wird vorgeschlagen, dass man das akzeptiert, was logisch aus dem folgt, was man bereits zugestanden hat. Aber reicht es aus, dies einfach zu wissen? Nein, das ist nicht genug. Man muss auch lernen, wie eine Sache eine Folge von anderen Dingen ist, und wann etwas aus einem einzigen Faktor oder aus mehreren Faktoren zusammen folgt. Wenn man sich also im Denken auszeichnen will, muss man die Fähigkeit erwerben, die verschiedenen Dinge, die man vorschlägt, zu beweisen, und auch die Fähigkeit besitzen, die von anderen vorgelegten Beweise zu verstehen, ohne sich von Sophisten täuschen zu lassen, die versuchen, falsche Argumente als Beweise auszugeben. Infolgedessen wird es bei uns als notwendig erachtet, den Umgang mit schlüssigen Argumenten und logischen Figuren zu üben und zu praktizieren.

Aber in manchen Fällen haben wir die Prämissen oder Annahmen richtig gestellt, und es ergibt sich daraus etwas. Und wenn es auch nicht wahr ist, so ist es doch ein Ergebnis. Was soll ich dann tun? Soll ich die Unwahrheit zugeben? Und wie ist das möglich? Nun, soll ich sagen, dass ich das, worauf wir uns geeinigt haben, nicht richtig gewährt habe? "Aber selbst das darfst du nicht." Soll ich dann sagen, dass die Folge nicht aus dem Zugestandenen hervorgeht?

KAPITEL 7 — Vom Gebrauch sophistischer und hypothetischer Argumente und dergleichen

"Aber auch das ist nicht erlaubt." Was ist dann in diesem Fall zu tun? Überlegen Sie, ob es nicht so ist: Es reicht nicht aus, etwas geliehen zu haben, um einen Menschen noch zu einem Schuldner zu machen, sondern es muss hinzukommen, dass er das Geld weiterhin schuldet und die Schuld nicht bezahlt wird. Es reicht also nicht aus, Sie zu zwingen, die Schlussfolgerung zuzulassen, dass Sie die Voraussetzungen gewährt haben, sondern Sie müssen sich auch an das halten, was Sie gewährt haben.

Wenn nämlich die Prämissen unverändert bleiben, müssen wir an dem festhalten, was wir zugestanden haben, und die daraus resultierenden Konsequenzen akzeptieren. Wenn die Prämissen jedoch nicht mehr zutreffen, müssen wir das, was wir zugestanden haben, zurücknehmen und alle Schlussfolgerungen ablehnen, die sich nicht aus den ursprünglichen Aussagen ergeben. Die Schlussfolgerung ist nicht mehr unsere eigene, und wir können ihr nicht zustimmen, da wir uns von den ursprünglichen Prämissen entfernt haben. Daher müssen wir die verschiedenen Arten von Prämissen und die Veränderungen, die sie während des Fragens, des Antwortens oder bei der Bildung der syllogistischen Schlussfolgerung erfahren, untersuchen. Diese Prüfung ist wichtig, damit wir Verwirrung und falsche Schlussfolgerungen vermeiden können.

Das Gleiche gilt für Hypothesen und hypothetische Argumente; manchmal ist es notwendig, die Annahme einer Hypothese zu verlangen, um mit dem Argument voranzukommen. Müssen wir dann jede vorgeschlagene Hypothese akzeptieren, oder sollten wir einige von ihnen ablehnen? Und wenn nicht jede Hypothese, welche sollten wir dann akzeptieren? Und wenn jemand eine Hypothese akzeptiert hat, sollte er dann immer bei ihr bleiben? Oder sollte er gelegentlich davon abrücken, aber dennoch die Konsequenzen akzeptieren und keine Widersprüche zulassen? Ja, aber was ist, wenn jemand sagt: "Wenn du die Möglichkeit einer Hypothese akzeptierst, werde ich dich zu einer Unmöglichkeit führen. Sollte ein vernünftiger Mensch sich weigern, sich auf eine Debatte mit einer solchen Person einzulassen und Diskussionen mit ihr vermeiden? Aber wer, außer einem vernünftigen Menschen, kann logisch denken, ist geschickt im Hinterfragen und Beantworten und immun

KAPITEL 7 — Vom Gebrauch sophistischer und hypothetischer Argumente und dergleichen

dagegen, durch falsche Argumente getäuscht zu werden? Und wenn ein vernünftiger Mensch sich auf eine Diskussion einlässt, sollte er dann nicht vorsichtig sein und sich nicht leichtsinnig oder unbedacht einlassen? Und wenn er nicht vorsichtig ist, wie kann er dann die Art von Mensch sein, die wir uns von ihm vorstellen? Aber können sie ohne eine gewisse Übung und Vorbereitung ein kohärentes und konsistentes Argument vorbringen? Wenn sie dies beweisen, werden all diese Spekulationen unnötig, absurd und unvereinbar mit unserer Vorstellung von einem tugendhaften und nachdenklichen Menschen.

Warum sind wir immer noch faul, nachlässig und unproduktiv? Warum erfinden wir ständig Ausreden, um uns vor der Arbeit zu drücken und die Entwicklung unseres Intellekts zu vernachlässigen? "Wenn ich in diesen Dingen einen Fehler mache, wäre es dann so, als hätte ich meinen Vater getötet?" Sklave, in dieser Situation gab es keinen Vater, den du hättest töten können. Was hast du also tatsächlich falsch gemacht? Der einzige Fehler, der hier gemacht werden könnte, ist der, den du tatsächlich begangen hast. Genau das habe ich Rufus gesagt, als er mich kritisierte, weil ich in einem bestimmten Syllogismus das eine fehlende Element nicht entdeckt hatte: "Ich nehme an", sagte ich, "dass ich das Capitol niedergebrannt habe." "Sklave", antwortete er, "war das, was hier fehlt, tatsächlich das Kapitol?" Sind das Niederbrennen des Kapitols und der Mord an deinem Vater die einzigen Verbrechen, die es gibt? Aber ist es nicht auch ein Fehler, wenn ein Mensch unbedacht, töricht und leichtsinnig mit den Eindrücken umgeht, die ihm präsentiert werden? Die Argumentation, den Beweis oder die Spitzfindigkeit nicht zu verstehen? In einer Frage und ihrer Antwort nicht zu erkennen, was mit dem Festgestellten übereinstimmt und was nicht? Liegt hierin nicht ein Fehler?

Von der Lektion...

Die Fähigkeit zu erwerben, zwischen Wahrheit und Lüge zu unterscheiden, die Zusammenhänge zu verstehen und nicht auf die Täuschung der Sophisten hereinzufallen.

KAPITEL 7 — Vom Gebrauch sophistischer und hypothetischer Argumente und dergleichen

Zur Aktion!

(1) Erkennen, wie wichtig der Umgang mit sophistischen und hypothetischen Argumenten im Alltag ist.
(2) Erwerben Sie die notwendigen Fähigkeiten, um Fragen und Antworten effektiv zu beantworten.
(3) Die richtige Methode für den Umgang mit verschiedenen Arten von Argumenten zu verstehen.
(4) Erkundigen Sie sich nach den Themen, zu denen Fragen gestellt und Antworten gegeben werden.
(5) Bemühen Sie sich darum, wahre Sätze aufzustellen, falsche Sätze zu beseitigen und unklare Sätze nicht zu billigen.
(6) Lernen Sie nicht nur die Grundprinzipien, sondern entwickeln Sie die Fähigkeit, wahre und falsche Aussagen zu prüfen und zu unterscheiden.
(7) Verstehen, wie eine Sache eine Folge von anderen Dingen ist, und erkennen, wann etwas aus einer einzigen Prämisse oder mehreren Prämissen folgt.
(8) Erwerb der Fähigkeit, eigene Behauptungen zu beweisen und die Behauptungen anderer zu verstehen, einschließlich der Fähigkeit, zwischen echter Argumentation und Sophisterei zu unterscheiden.
(9) Üben Sie sich in der Praxis in schlüssigen Argumenten und Zahlen.
(10) Halten Sie sich während des gesamten Begründungsprozesses an das, was in den Räumlichkeiten gewährt wurde.
(11) Seien Sie sich aller Veränderungen oder Abweichungen bewusst, die während der Befragung oder Beantwortung der Fragen in den Räumlichkeiten auftreten können, und reagieren Sie effektiv darauf.
(12) Hypothesen in hypothetischen Argumenten richtig zu bewerten und zuzulassen oder abzulehnen.
(13) Von einer Hypothese zurücktreten, wenn es nötig ist, aber dennoch die Konsequenzen akzeptieren und Widersprüche vermeiden.
(14) Seien Sie bei der Argumentation vorsichtig und achten Sie darauf, dass Sie nicht unüberlegt oder unvorsichtig sind.

(15) Kultivieren Sie die Vernunft, indem Sie fleißig und wachsam sind und aktiv an der Verbesserung Ihrer Argumentationsfähigkeit arbeiten.

(16) Vermeiden Sie es, den Schein zu benutzen oder sich blind auf ihn zu verlassen, sondern suchen Sie stattdessen nach einem tieferen Verständnis von Argumenten, Beweisen und Sophismus.

(17) Erkennen Sie das Fehlerpotenzial, das sich aus der unsachgemäßen Anwendung von Argumenten ergibt, und bemühen Sie sich, es zu vermeiden.

KAPITEL 8

— Dass die Fakultäten für den Ungelehrten nicht sicher sind

Lerne die Kunst, Argumente und Enthymeme meisterhaft zu verändern, denn das ist eine Fähigkeit, die dem Philosophen am meisten zusteht. Durch die Veränderung gleichwertiger Elemente und Formen wird der Philosoph, der den perfekten Syllogismus beherrscht, mühelos durch den unvollkommenen navigieren. Manch einer mag sich jedoch fragen, warum wir uns nicht an solchen Übungen und Diskussionen beteiligen. Die Antwort liegt nicht nur in der Tatsache, dass unsere derzeitigen Bemühungen unsere Tugend nicht fördern, sondern auch in den Gefahren, die mit einer solchen Beherrschung einhergehen können. Die Macht der überzeugenden Argumentation kann, wenn sie mit Sprache und häufigem Üben verbunden ist, Arroganz und Eitelkeit hervorrufen. Wenn wir das Reich der Philosophie erforschen, müssen wir vorsichtig sein und verstehen, dass diese Fähigkeiten zwar unser Verständnis verbessern können, aber nicht zum entscheidenden Maßstab unseres Wertes werden sollten.

Die Bedeutung einer geschickten Argumentation in der Philosophie

Genauso wie wir Dinge, die einander gleichwertig sind, verändern können, können wir auch die Formen von Argumenten und Enthymemen in der Argumentation verändern. Um dies zu veranschaulichen, betrachten wir das folgende Beispiel: "Wenn du dir Geld geliehen und nicht zurückgezahlt hast, dann schuldest du mir etwas; wenn du dir aber nichts geliehen und nichts zurückgezahlt hast, dann schuldest du mir kein Geld." Die Fähigkeit, dies gekonnt auszuführen, eignet sich besonders für Philosophen, denn das Enthymem ist im Grunde ein unvollkommener Syllogismus. Wer seine Fähigkeiten in der Konstruktion perfekter Syllogismen verfeinert hat, wird sich auch bei der Erstellung unvollkommener Syllogismen auszeichnen.

Warum üben wir uns und einander dann nicht auf diese Weise? Weil, so antworte ich, wir derzeit, auch wenn wir uns nicht mit diesen Tätigkeiten beschäftigen und uns nicht vom Studium der Moral ablenken lassen, zumindest von mir, keine Fortschritte in der Tugend machen. Was sollten wir also erwarten, wenn wir diese Beschäftigung hinzufügen würden? Zumal sie uns nicht nur von wichtigeren Dingen ablenken, sondern auch zu Selbstüberheblichkeit und Arroganz führen würde, was keine Kleinigkeit wäre. Die Kraft des Arguments und der Überzeugung ist groß, vor allem wenn sie ausgiebig geübt und durch beredte Sprache verstärkt wird. Deshalb birgt jede Fähigkeit, die sich Ungeübte und Schwache aneignen, die Gefahr, dass sie stolz und aufgeblasen werden. Wie kann man einen jungen Mann, der sich auf diesen Gebieten auszeichnet, davon überzeugen, dass er sich ihnen nicht unterordnen, sondern sie vielmehr sich selbst unterordnen soll? Lehnt er nicht alle diese Überlegungen ab und stolziert arrogant vor uns her, indem er sich weigert, Kritik oder Hinweise auf seine Nachlässigkeit und Abweichung vom rechten Weg anzunehmen?

Warum war Platon dann kein Philosoph?" Ich antworte: "Und war Hippokrates nicht ein Arzt? Aber du kannst sehen, wie Hippokrates spricht." Spricht Hippokrates also so, weil er ein Arzt ist? Warum vermischt man Dinge, die zufällig in ein und demselben Menschen vereint sind? Und wenn Platon gut aussehend und stark war, sollte ich dann auch danach streben, gut aussehend oder stark zu werden, als ob dies für die Philosophie notwendig wäre, nur weil ein bestimmter Philosoph sowohl gut aussehend als auch ein Philosoph war? Würden Sie es nicht vorziehen, zu sehen und zu unterscheiden, was jemanden zum Philosophen macht und welche anderen Dinge er besitzt? Und wenn ich ein Philosoph wäre, sollte man dich dann auch lahm machen? Was dann? Nehme ich dir die Fähigkeiten weg, die du besitzt? Auf keinen Fall, denn ich nehme dir nicht die Fähigkeit zu sehen. Aber wenn du mich fragst, was das Gute im Menschen ist, kann ich nichts anderes sagen, als dass es eine gewisse Neigung des Willens zum Schein ist.

Von der Lektion...

Übe dich in Argumentation und Überzeugung, aber bleibe stets bescheiden und in der Tugend verankert.

Zur Aktion!

(1) Erkunden Sie verschiedene Möglichkeiten, die Formen von Argumenten und Enthymemen in der Argumentation zu verändern.
(2) Entwicklung der Fähigkeit, unvollkommene Syllogismen zu konstruieren und zu dekonstruieren.
(3) Untersuchen Sie die Gründe dafür, dass diese Argumentationsfähigkeiten nicht häufiger geübt und praktiziert werden.
(4) Überlegen Sie, welche Auswirkungen es haben könnte, wenn Sie das Argumentieren zu einer regelmäßigen Beschäftigung oder Tätigkeit machen.
(5) Denken Sie über die Gefahren nach, die darin bestehen, dass Sie aufgrund Ihrer Argumentations- und Überzeugungskompetenz eingebildet und arrogant werden.
(6) Erkennen Sie, dass der Erwerb von Argumentationsfähigkeiten eine Quelle des Stolzes sein kann und dazu führen kann, dass andere wichtige Aspekte des Lebens vernachlässigt werden.
(7) Hinterfragen Sie die Notwendigkeit, physische Attribute oder nicht verwandte Eigenschaften mit dem Philosophendasein in Verbindung zu bringen.
(8) Verstehen Sie, dass jeder Mensch unabhängig von seinem gewählten Beruf in verschiedenen Bereichen hervorragende Leistungen erbringen kann.
(9) Unterscheiden Sie zwischen den für die Philosophie erforderlichen Eigenschaften oder Fähigkeiten und denjenigen, die zufällig oder nicht damit zusammenhängen.

(10) Ermutigung zur Selbstreflexion, um das wahre Wesen und den Zweck des Philosophierens zu erkennen.

(11) Betonen Sie die Bedeutung der persönlichen Entwicklung und des Wachstums in der Philosophie, anstatt sich mit anderen zu vergleichen.

(12) Erkennen Sie an, dass jeder Mensch über unterschiedliche Fähigkeiten und Fertigkeiten verfügt und dass diese nicht weggenommen oder abgewertet werden sollten.

(13) Betrachten Sie das Gute im Menschen als eine besondere Disposition des Willens gegenüber den Erscheinungen.

KAPITEL 9

— Wie der Mensch von der Tatsache, dass wir Gott ähnlich sind, zu den Konsequenzen gelangen kann

Bei der Erforschung der tiefen Verbindung zwischen Gott und Mensch ist es wichtig, das Handeln von Sokrates als Paradebeispiel zu betrachten. Anstatt sich auf eine bestimmte Stadt oder Region festzulegen, plädierte Sokrates für eine umfassendere Perspektive - nämlich die, ein Weltbürger zu sein. Das zwingt uns zu der Frage, warum wir unsere Identität auf einen bestimmten geografischen Ort beschränken sollten, wenn unsere Verbindung zum Göttlichen die gesamte Menschheit umfasst. Wenn wir das komplizierte Räderwerk der Welt und die besondere Gemeinschaft der vernunftbegabten Wesen mit Gott verstehen, können wir mit Recht den Titel eines Weltbürgers, eines Kindes Gottes, beanspruchen. Diese Erkenntnis befreit uns von den Ängsten und Herausforderungen, die durch irdische Sorgen hervorgerufen werden, wie etwa die Angst vor einflussreichen Personen oder äußeren Umständen. Selbst in Zeiten des Mangels, in denen wir Zeugen der Unabhängigkeit von Sklaven und Ausreißern sind, die sich nur auf sich selbst verlassen, muss ein Philosoph darauf verzichten, sich von anderen abhängig zu machen und stattdessen auf seine angeborenen Fähigkeiten vertrauen. Es liegt daher in unserer Verantwortung, diese Denkweise in den jüngeren Generationen zu kultivieren und sie dazu anzuleiten, ihren göttlichen Ursprung

KAPITEL 9 — Wie der Mensch von der Tatsache, dass wir Gott ähnlich sind, zu den Konsequenzen gelangen kann

anzunehmen und materielle Anhaftungen als lästige Ablenkungen zu ignorieren. Ein wahrer Lehrer hat die Macht, diese Geisteshaltung zu vermitteln und sicherzustellen, dass der Einzelne die vorübergehende Natur seines physischen Körpers und seines Besitzes versteht, sich nach dem Willen Gottes ausrichtet und geduldig auf die Befreiung von den irdischen Zwängen wartet, die ihn binden.

Leben als Bürger der Welt

Wenn das, was die Philosophen über die Verwandtschaft zwischen Gott und Mensch gesagt haben, wahr ist, was bleibt den Menschen anderes übrig, als in die Fußstapfen von Sokrates zu treten? Auf die Frage, welchem Land Sie angehören, sollten Sie sich niemals als Athener oder Korinther, sondern als Weltbürger bezeichnen. Warum behaupten Sie, ein Athener zu sein, wenn Sie in Wirklichkeit nur zu dem kleinen Winkel der Erde gehören, in dem Sie geboren wurden? Wäre es nicht sinnvoller, sich mit einem Ort zu identifizieren, der eine größere Autorität besitzt und nicht nur diesen kleinen Winkel und Ihre Familie umfasst, sondern das ganze Land, aus dem Ihre Vorfahren stammen? Warum sollte sich also jemand, der das Funktionieren der Welt beobachtet hat und versteht, dass die umfassendste Gemeinschaft sowohl aus Menschen als auch aus Gott besteht, und dass alle Wesen auf der Erde, einschließlich der vernunftbegabten Wesen, die die Fähigkeit haben, mit Gott zu kommunizieren, von ihm abstammen, nicht als Weltbürger, als Kind Gottes identifizieren? Und warum sollte er sich vor irgendetwas fürchten, was unter den Menschen geschehen könnte? Reicht die Verwandtschaft mit Cäsar oder einer anderen mächtigen Figur in Rom aus, um unsere Sicherheit zu garantieren, uns vor Verachtung zu schützen und uns von Angst zu befreien? Wenn wir Gott als unseren Schöpfer, Vater und Beschützer haben, sollte das nicht ausreichen, um uns von Traurigkeit und Angst zu befreien?

Aber ein Mensch mag sich fragen: "Wo soll ich Brot zu essen finden, wenn ich nichts habe?"

Und worauf verlassen sie sich, ähnlich wie Sklaven und Ausreißer, wenn sie ihre Herren verlassen? Verlassen sie sich auf ihr Land, ihre

KAPITEL 9 — Wie der Mensch von der Tatsache, dass wir Gott ähnlich sind, zu den Konsequenzen gelangen kann

Sklaven oder ihre Silbergefäße? Sie verlassen sich auf nichts als auf sich selbst, und die Nahrung lässt sie nicht im Stich. Und sollte es notwendig sein, dass einer von uns, der ein Philosoph ist, in fremde Gegenden reist und sich auf andere verlässt und sich nicht um sich selbst kümmert, und sollte er den unvernünftigen und feigen Tieren unterlegen sein, von denen jedes, da es sich selbst versorgt, weder daran scheitert, seine richtige Nahrung zu bekommen, noch eine angemessene und der Natur entsprechende Lebensweise zu finden? Ich denke in der Tat, dass der alte Mann hier sitzen sollte, nicht um zu erfinden, wie ihr keine gemeinen Gedanken und kein gemeines und schändliches Gerede über euch selbst haben könnt, sondern um dafür zu sorgen, dass es unter uns keine jungen Menschen mit einem solchen Geist gibt, dass sie, wenn sie ihre Verwandtschaft mit Gott erkannt haben, und dass wir durch diese Fesseln, ich meine den Leib und seine Güter, und was uns sonst noch für die Wirtschaft und den Handel des Lebens notwendig ist, gefesselt sind, sie diese Dinge abwerfen wollen, als wären sie schmerzhafte und unerträgliche Lasten, und zu ihren Verwandten gehen wollen. Dies aber ist die Arbeit, mit der euer Lehrer und Unterweiser beschäftigt sein sollte, wenn er wirklich das wäre, was er sein sollte. Ihr solltet zu ihm kommen und sagen: "Epiktetus, wir können es nicht länger ertragen, an diesen armen Körper gebunden zu sein und ihn zu füttern und ihm zu trinken zu geben und ihn auszuruhen und zu reinigen und um des Körpers willen den Wünschen dieser und jener nachzukommen. Sind diese Dinge nicht gleichgültig und nichts für uns, und ist der Tod nicht kein Übel? Und sind wir nicht in gewisser Weise Verwandte Gottes, und sind wir nicht von ihm gekommen? Lasst uns an den Ort gehen, von dem wir gekommen sind, lasst uns endlich von diesen Fesseln befreit werden, mit denen wir gebunden sind und die uns beschweren. Hier gibt es Räuber und Diebe und Gerichte und solche, die sich Tyrannen nennen und meinen, sie hätten mit dem Körper und seinem Besitz eine gewisse Macht über uns. Erlaubt uns, ihnen zu zeigen, dass sie keine Macht über einen Menschen haben." Und ich meinerseits würde sagen: "Freunde, wartet auf Gott; wenn er das Zeichen gibt und euch von diesem Dienst entlässt, dann geht zu ihm; aber für den Augenblick bleibt an

KAPITEL 9 — Wie der Mensch von der Tatsache, dass wir Gott ähnlich sind, zu den Konsequenzen gelangen kann

diesem Ort, wo er euch hingestellt hat: kurz ist diese Zeit eures Aufenthalts hier, und leicht zu ertragen für die, die so gesinnt sind; denn welcher Tyrann oder welcher Dieb oder welche Gerichte sind furchterregend für diejenigen, die so den Körper und die Besitztümer des Körpers als Dinge ohne Wert betrachtet haben? Wartet also, geht nicht ohne Grund weg."

So etwas sollte der Lehrer zu naiven Jugendlichen sagen. Aber was passiert jetzt? Der Lehrer ist leblos, und ihr seid es auch. Nachdem du heute gut gefüttert wurdest, setzt du dich hin und machst dir Gedanken über den morgigen Tag, wie du etwas zu essen finden wirst. Törichter Mensch, wenn du es hast, wirst du es haben; wenn nicht, wirst du sterben. Die Tür ist offen. Warum trauern Sie? Wo ist da noch Platz für Tränen? Und warum sollte jemand einem anderen schmeicheln müssen? Warum sollte ein Mensch einen anderen beneiden? Warum sollte man die Reichen oder Mächtigen bewundern, auch wenn sie beide sehr stark sind und ein gewalttätiges Temperament haben? Was können sie uns antun? Das, was sie tun können, ist uns egal, und das, was uns wichtig ist, können sie nicht tun. Wie hat sich Sokrates in diesen Situationen verhalten? Nun, er verhielt sich wie ein Mensch, der glaubt, mit den Göttern verbunden zu sein. "Wenn du mir jetzt sagst", sagte Sokrates zu seinen Richtern, "wir werden dich unter der Bedingung freisprechen, dass du aufhörst, so zu reden, wie du geredet hast, und unsere jungen oder alten Männer nicht mehr belästigst," werde ich antworten: "Du bist töricht, wenn du denkst, dass, wenn einer unserer Befehlshaber mir eine bestimmte Aufgabe zugewiesen hat, es meine Pflicht ist, sie zu halten und aufrechtzuerhalten, und dass ich bereit bin, lieber tausendmal zu sterben, als sie aufzugeben; aber wenn Gott uns in irgendeine Position oder Lebensweise gestellt hat, sollten wir sie aufgeben." Sokrates spricht wie ein Mensch, der wirklich glaubt, mit den Göttern verbunden zu sein. Aber wir betrachten uns nur als Magen und Gedärme und unsere schändlichen Teile; wir fürchten uns, wir begehren uns; wir schmeicheln denen, die uns in diesen Dingen helfen können, und wir fürchten uns auch vor ihnen. Ein Mann bat mich, nach Rom über ihn zu schreiben, ein Mann, der, wie die meisten Leute glaubten, in eine schwere Zeit geraten war.

KAPITEL 9 — Wie der Mensch von der Tatsache, dass wir Gott ähnlich sind, zu den Konsequenzen gelangen kann

Er war einst wohlhabend und hatte einen hohen sozialen Status, aber er hat alles verloren und lebt jetzt hier. Als er den Brief las, gab er ihn mir zurück und sagte: "Ich wollte deine Hilfe, nicht dein Mitleid. Mir ist nichts Schlimmes passiert."

So würde Musonius Rufus mich auf die Probe stellen, indem er sagt: "Dies und das wird dir wegen deines Meisters passieren." Ich antwortete ihm, dass dies Dinge seien, die im normalen Verlauf menschlicher Angelegenheiten vorkämen. "Warum sollte ich ihn dann um etwas bitten", fragte er, "wenn ich es von dir bekommen kann?" In der Tat ist es unnötig und töricht, von jemand anderem etwas zu erhalten, was man bereits besitzt. Sollte ich also, der ich fähig bin, geistige Größe und ein großzügiges Wesen zu erlangen, von dir Land, Geld oder ein hohes Amt annehmen? Ich hoffe nicht; ich werde nicht unwissend über meinen eigenen Besitz sein. Aber wenn ein Mensch feige und gemein ist, was kann man mehr für ihn tun, als Briefe zu schreiben, als ob es sich um eine Leiche handelte? "Bitte gebt uns die Leiche eines bestimmten Menschen und eine kleine Menge armen Blutes." Denn in Wahrheit ist eine solche Person nichts weiter als ein lebloser Körper und eine kleine Menge Blut. Und wenn sie etwas mehr wären, würden sie verstehen, dass ein Mensch nicht durch die Handlungen eines anderen unglücklich wird.

Von der Lektion...

Erkennen Sie Ihre Verwandtschaft mit Gott, befreien Sie sich von den Lasten des Körpers, und ertragen Sie die Herausforderungen des Lebens mit Kraft und Mut.

Zur Aktion!

(1) Denken Sie über die Verwandtschaft zwischen Gott und Mensch nach und überlegen Sie, welche Auswirkungen diese Beziehung hat.
(2) Machen Sie sich die Idee zu eigen, ein Weltbürger zu sein, anstatt sich nur mit Ihrem Geburtsort zu identifizieren.
(3) Erkennen Sie die Autorität und Bedeutung der größeren Gemeinschaft an, die aus Menschen und Gott besteht.
(4) Die Rolle der Vernunft bei der Herstellung der Gemeinschaft mit Gott anerkennen und annehmen.

KAPITEL 9 — Wie der Mensch von der Tatsache, dass wir Gott ähnlich sind, zu den Konsequenzen gelangen kann

(5) Verstehen Sie, dass die Verwandtschaft mit mächtigen Personen oder weltlichen Besitztümern keine Garantie für Sicherheit, Erlösung von Sorgen oder Freiheit von Angst ist.
(6) Erkennen Sie, dass Eigenständigkeit und Selbstversorgung auch unter schwierigen Umständen möglich sind.
(7) Betrachten Sie den Wert des Körpers und seiner Besitztümer im Verhältnis zu Ihrer wahren Verwandtschaft mit Gott.
(8) Ertragen Sie Nöte und Schwierigkeiten in der Gegenwart, denn Sie wissen, dass die Zeit, in der Sie in dieser Welt verweilen, kurz ist.
(9) Lassen Sie sich von einem sachkundigen und weisen Lehrer leiten, der Ihnen helfen kann, eine Geisteshaltung zu kultivieren, die mit unserer Verwandtschaft zu Gott im Einklang steht.
(10) Lassen Sie die Sorgen um die Zukunft los und verlassen Sie sich auf den gegenwärtigen Moment, um sich zu ernähren und zu versorgen.
(11) Akzeptieren Sie das Konzept des Todes als natürlichen Teil des Lebens und befreien Sie sich von weltlichen Lasten.
(12) Erkennen Sie, dass es sinnlos ist, sich mit anderen zu vergleichen und den Besitz oder den Status der Reichen und Mächtigen anzustreben.
(13) Verstehen Sie, dass äußere Umstände und die Handlungen anderer diejenigen nicht wirklich verletzen oder unterdrücken können, die ihre Verwandtschaft mit Gott erkannt haben.
(14) Ahmen Sie das Verhalten von Sokrates nach, der seine Pflicht gegenüber Gott über gesellschaftliche Erwartungen und Machtpositionen gestellt hat.
(15) Verlagern Sie den Schwerpunkt von körperlichen Wünschen und Ängsten auf die Entwicklung eines edlen und großzügigen Geistes.
(16) Kultivieren Sie Selbstvertrauen und Selbstermächtigung, anstatt Mitleid oder Hilfe von anderen zu suchen.
(17) Machen Sie sich die Idee zu eigen, dass wahre Besitztümer von innen kommen, wie z. B. eine große Seele und ein großzügiger Geist, und nicht von äußerem Reichtum oder Status.

(18) Widerstehen Sie der Versuchung, sich auf die Bestätigung oder Unterstützung anderer zu verlassen, und konzentrieren Sie sich stattdessen darauf, Ihre eigene innere Stärke zu kultivieren.

(19) Vermeiden Sie es, ein "Kadaver" oder ein "Sextarius des Blutes" zu werden, indem Sie Ihren eigenen Wert erkennen und sich weigern, von anderen abhängig zu sein, um Bestätigung oder Unterstützung zu erhalten.

KAPITEL 10

— Gegen diejenigen, die eifrig nach einer Bevorzugung in Rom streben

Nehmen Sie sich einen Moment Zeit und betrachten Sie den krassen Gegensatz zwischen den eifrigen Aktivitäten der älteren Menschen in Rom und unserer eigenen Neigung zur Faulheit. Wenn wir uns unserer eigenen Arbeit mit demselben Eifer widmen könnten wie diejenigen, die in ihre Pflichten vertieft sind, stellen Sie sich vor, welche bemerkenswerten Leistungen wir vollbringen könnten. Erlauben Sie mir, Sie mit einem Bekannten von mir bekannt zu machen, der älter ist als ich und derzeit in Rom ein hohes Amt bekleidet. Er hat einmal erklärt, dass er nach seiner Rückkehr aus dem Exil nichts weiter als ein Leben in Gelassenheit anstreben würde. Wie wir jedoch bald feststellen werden, stehen seine Taten im Widerspruch zu seinen Worten und veranschaulichen damit den allgemein menschlichen Hang zur Beschäftigung und den Unwillen, den eigenen Absichten treu zu bleiben.

Die Bedeutung von Fleiß und Handeln für den Erfolg

Wenn wir uns unserer eigenen Arbeit so fleißig widmen würden wie die älteren Männer in Rom ihren Aufgaben, könnten wir vielleicht auch etwas erreichen. Ich kenne einen Mann, der älter ist als ich und zur Zeit das Amt des Superintendenten für Getreide in Rom innehat. Ich erinnere mich an die Zeit, als er auf dem Rückweg

KAPITEL 10 — Gegen diejenigen, die eifrig nach einer Bevorzugung in Rom streben

aus dem Exil hier vorbeikam. Er erzählte von seinem früheren Leben und äußerte den Wunsch, den Rest seiner Tage nach seiner Rückkehr in Frieden und Ruhe zu verbringen. "Mir bleibt so wenig Leben", sagte er. Ich erwiderte: "Das wirst du nicht tun. Sobald du einen Hauch von Rom spürst, wirst du alles vergessen, was du gesagt hast. Und wenn man dich in den kaiserlichen Palast einlässt, wirst du dich eifrig hineindrängen und Gott danken." "Wenn du mich siehst, Epiktet", antwortete er, "wie ich den Palast betrete, so denke, was du willst." Und was tat er dann? Bevor er die Stadt betrat, erhielt er Briefe von Cäsar. Und in dem Moment, als er sie erhielt, vergaß er alles und türmte seitdem eine Aufgabe auf die andere. Ich wünschte, ich wäre jetzt an seiner Seite, um ihn daran zu erinnern, was er gesagt hat, als er hier vorbeikam, und um ihn wissen zu lassen, dass ich ein viel besserer Menschenkenner bin als er.

Will ich damit sagen, dass der Mensch ein Tier ist, das zum Nichtstun geschaffen ist? Gewiss nicht. Aber warum sind wir nicht aktiv? Was mich selbst betrifft, so erinnere ich mich, sobald der Tag anbricht, mit wenigen Worten an das, was ich meinen Schülern vorlesen muss; dann sage ich mir sofort: "Aber was geht es mich an, wie ein bestimmter Mensch lesen soll? Das erste ist für mich, zu schlafen." Und in der Tat, welche Ähnlichkeit gibt es zwischen dem, was andere Menschen tun, und dem, was wir tun? Wenn du beobachtest, was sie tun, wirst du es verstehen. Was tun sie denn sonst den ganzen Tag, als Rechnungen zu erstellen, sich untereinander zu erkundigen, Ratschläge zu erteilen und anzunehmen über eine kleine Menge Getreide, ein Stück Land und dergleichen? Ist es denn dasselbe, eine Petition zu erhalten und darin zu lesen: "Ich bitte euch, mir zu erlauben, eine kleine Menge Getreide auszuführen"; und eine zu diesem Zweck: "Ich bitte euch, von Chrysippus zu lernen, wie die Welt verwaltet wird und welchen Platz das vernünftige Tier darin einnimmt; bedenkt auch, wer ihr seid, und was die Natur eures Guten und Bösen ist." Sind diese Dinge wie die anderen? Erfordern sie die gleiche Sorgfalt, und ist es ebenso niederträchtig, diese und jene zu vernachlässigen? Sind wir denn die einzigen Menschen, die faul sind und gerne schlafen? Nein, aber ihr jungen Männer seid es. Denn wir Alten, wenn wir sehen, dass die

Jungen sich amüsieren, wollen gerne mit ihnen spielen; und wenn ich euch aktiv und eifrig sehe, würde ich noch mehr Lust haben, euch bei euren ernsten Beschäftigungen zu begleiten.

> **Von der Lektion...**
>
> Seien Sie aktiv, konzentriert und engagiert bei Ihrer Arbeit, nutzen Sie Ihre Zeit effizient und streben Sie nach ständigem Wachstum und Verbesserung.

> **Zur Aktion!**

(1) Widmen wir uns mit Eifer unserer eigenen Arbeit, wie die Ältesten in Rom.
(2) Streben Sie danach, sinnvolle Aufgaben und Ziele zu erreichen.
(3) Versuchen Sie, dem Engagement des alten Mannes nachzueifern, der Superintendent für Getreide in Rom wurde.
(4) Wir müssen uns jeden Tag an unsere Ziele und Aufgaben erinnern.
(5) Vermeiden Sie es, sich von unwichtigen Dingen ablenken oder ablenken zu lassen.
(6) Setzen Sie Prioritäten bei Ihren Aufgaben und konzentrieren Sie sich auf das, was wirklich wichtig ist.
(7) Streben Sie nach einem Leben in Ruhe und Frieden, anstatt ständig nach mehr und mehr Verantwortung zu suchen.
(8) Übernehmen Sie die Verantwortung für Ihre Worte und Versprechen.
(9) Widerstehen Sie der Versuchung, weltlichen Begierden oder Ambitionen nachzugeben.
(10) Wir sollten uns unserer Handlungen und Verpflichtungen bewusst sein, auch angesichts von Herausforderungen oder Versuchungen.
(11) Denken Sie daran, dass unser Handeln Konsequenzen hat und unsere Zukunft beeinflussen kann.
(12) Versuchen Sie, die wahre Natur unserer Aufgabe in der Welt zu verstehen.
(13) Besinnen Sie sich auf die Bedeutung von Wissen und Weisheit, anstatt sich in weltlichen Dingen zu verlieren.
(14) Erkennen Sie den Wert der Selbstverbesserung und des persönlichen Wachstums.

(15) Vermeiden Sie Faulheit und setzen Sie Prioritäten bei der Produktivität.

(16) Schätzen Sie die Weisheit und Führung älterer Menschen und seien Sie offen dafür, von ihnen zu lernen.

(17) Jüngere Menschen zu ermutigen und zu inspirieren, sich aktiv und fleißig zu engagieren.

(18) Fördern Sie eine Kultur der Zusammenarbeit und der Unterstützung, in der die Menschen bereit sind, sich gegenseitig bei ernsthaften Unternehmungen zu unterstützen.

KAPITEL 11

— Von natürlicher Zuneigung

In diesem Dialog zwischen Epiktet und einem Magistrat wird das Thema der familiären Verantwortung und des Strebens nach Glück erörtert. Epiktet stellt die Gefühle des Magistrats für seine Kinder und seine Frau in Frage und wendet sich gegen die Vorstellung, dass Ehe und Elternschaft zu Unglück führen sollen. In der Diskussion über die Natürlichkeit des menschlichen Verhaltens und die Kriterien für die Bestimmung von Recht und Unrecht ermutigt Epiktet den Magistrat, über die Harmonie zwischen Vernunft und Zuneigung nachzudenken. Letztlich bereitet der einleitende Absatz den Boden für eine nachdenkliche Untersuchung der Handlungen des Magistrats und der Natur der familiären Liebe.

> Prüfung unserer Handlungen und Meinungen: Eine Lektion von Epictetus

Als Epiktet von einem Richter besucht wurde, erkundigte er sich nach einigen Details, unter anderem nach der Familie des Richters. Der Magistrat erzählte, dass er Kinder und eine Frau habe. Epiktet fragte dann, wie sich der Richter in seiner derzeitigen Situation fühle. Der Magistrat antwortete mit "unglücklich". Erstaunt bat Epiktet um mehr Klarheit, denn Männer gehen nicht in die Ehe und bekommen Kinder, um unglücklich zu sein, sondern um Glück zu finden. Der Magistrat gestand, dass ihn die Sorge um seine Kinder so sehr belastete, dass er, als seine kleine Tochter erkrankte und man glaubte, sie sei in Gefahr, es nicht ertrug, bei ihr zu bleiben, und stattdessen das Haus verließ, bis er die Nachricht erhielt, dass sie genesen war. Epiktet stellte den Richter zur Rede und fragte ihn, ob er glaube, dass sein Handeln richtig sei. Der Magistrat verteidigte sich und sagte, er habe sich so verhalten, wie es für ihn natürlich war. Epiktet forderte daraufhin einen Beweis dafür, dass dieses Verhalten tatsächlich natürlich sei, und versprach zu zeigen, dass alles, was natürlich geschieht, auch richtig sei. Der Magistrat gab zu, dass sein Verhalten von anderen Vätern geteilt wurde, aber Epiktet konterte und argumentierte, dass die Frage sei, ob ein solches Verhalten richtig sei oder nicht. Er zog eine Analogie: Wenn es im Körper Tumore gibt, müssen sie gut für den Körper sein, da sie von Natur aus vorhanden sind; und wenn wir davon ausgehen, dass es natürlich ist, etwas Falsches zu tun, weil die meisten Menschen es falsch machen, dann muss es auch richtig sein. Epiktet forderte den Richter auf, zu beweisen, dass sein Verhalten wirklich natürlich sei, doch der Richter gab zu, dass er das nicht könne und forderte Epiktet stattdessen auf, zu beweisen, dass sein Verhalten unnatürlich und falsch sei.

Nun, sagte Epiktet, wenn wir uns nach Weiß und Schwarz erkundigen, welches Kriterium sollten wir anwenden, um zwischen ihnen zu unterscheiden? "Das Augenlicht", sagte er. Und wenn wir nach heiß und kalt, hart und weich fragten, welches Kriterium sollten wir anwenden? "Der Tastsinn." Nun, da wir uns nach Dingen erkundigen, die der Natur entsprechen, und nach solchen, die richtig oder nicht richtig getan werden, welches Kriterium sollten wir dann deiner Meinung nach anwenden? "Ich weiß es nicht", sagte er. Und doch ist es vielleicht kein großer Schaden, das Kriterium von Farben und Gerüchen und auch von Geschmäckern nicht zu kennen; aber wenn jemand das Kriterium von Gut und Böse und von naturgemäßen und naturwidrigen Dingen nicht kennt, scheint das ein kleiner Schaden zu sein? "Der größte Schaden." Komm, sag mir, erscheinen alle Dinge, die einigen Menschen als gut und angemessen erscheinen, zu Recht als solche; und ist es möglich, dass die Meinungen der Juden, Syrer, Ägypter und Römer in Bezug auf die Nahrung richtig sind? "Wie ist das möglich?", fragte er. Nun, ich nehme an, es ist absolut notwendig, dass, wenn die Meinung der

Ägypter richtig ist, die Meinung der anderen falsch sein muss; wenn die Meinung der Juden richtig ist, kann die der anderen nicht richtig sein. "Gewiss." Aber wo es Unwissenheit gibt, da fehlt es auch an Bildung und Ausbildung in den notwendigen Dingen. Er stimmte dem zu. Du nun, sagte Epiktet, da du dies weißt, wirst dich in Zukunft nur noch ernsthaft bemühen, das Kriterium der Dinge, die der Natur entsprechen, zu lernen und zu verstehen und es zur Bestimmung jeder einzelnen Sache anzuwenden. Aber in der gegenwärtigen Angelegenheit kann ich dir in gewissem Maße dabei helfen, das zu erreichen, was du dir wünschst. Erscheint dir die Zuneigung zu deinen Familienmitgliedern als naturgemäß und gut? "Gewiss." Nun, ist eine solche Zuneigung natürlich und gut, und ist etwas, das der Vernunft entspricht, nicht gut? "Auf keinen Fall." Steht dann etwas, das mit der Vernunft übereinstimmt, im Widerspruch zur Zuneigung? "Das glaube ich nicht." Du hast Recht, denn wenn es so wäre, dass einer der Widersprüche mit der Natur übereinstimmt, müsste der andere wider die Natur sein. Ist das nicht so? "Ja", sagte er. Was immer wir also als liebevoll und mit der Vernunft übereinstimmend bestimmen, erklären wir getrost für richtig und gut. "Einverstanden." Nun, sein krankes Kind zu verlassen und wegzugehen, ist nicht vernünftig, und ich nehme an, dass Sie nicht sagen werden, dass es das ist. Aber wir sollten uns fragen, ob es mit der Zuneigung vereinbar ist. "Ja, das sollten wir bedenken." Haben Sie also, da Sie eine liebevolle Gesinnung gegenüber Ihrem Kind hatten, richtig gehandelt, als Sie weggelaufen sind und es verlassen haben, und hat die Mutter keine Zuneigung zu dem Kind? "Gewiss, das tut sie." Hätte die Mutter sie dann verlassen sollen oder nicht? "Sie hätte es nicht tun sollen." Und die Amme, liebt sie das Kind? "Sie liebt es." Hätte sie sie dann auch verlassen sollen? "Auf keinen Fall." Und der Pädagoge, liebt er sie nicht? "Er liebt sie doch."

Hätte er sie dann auch im Stich lassen sollen? Hätte man das Kind aufgrund der großen Zuneigung, die Sie, die Eltern und andere für es empfanden, allein und ohne Hilfe lassen sollen? Oder hätte es in den Händen derer umkommen sollen, die es weder liebten noch sich um es kümmerten? "Gewiss nicht." Es ist ungerecht und

KAPITEL 11 — Von natürlicher Zuneigung

unvernünftig, anderen, die die gleiche Zuneigung empfinden, das zu verweigern, was man selbst für richtig hält, weil man Zuneigung empfindet. Das ist absurd. Würden Sie also, wenn Sie krank wären, wollen, dass Ihre Lieben, einschließlich Ihrer Kinder und Ihrer Frau, so liebevoll sind, dass sie Sie allein und verlassen lassen? "Auf keinen Fall." Und würden Sie wollen, dass Sie von Ihrer eigenen Familie so geliebt werden, dass ihre übermäßige Zuneigung Sie immer allein lässt, wenn Sie krank sind? Oder würdest du lieber beten, wenn möglich, von deinen Feinden geliebt und von deinen Lieben verlassen zu werden? Aber wenn das der Fall ist, dann war Ihr Handeln überhaupt kein Ausdruck von Zuneigung.

Gab es denn nichts, was Sie bewegt und dazu gebracht hat, Ihr Kind auszusetzen? Und wie ist das überhaupt möglich? Aber vielleicht war es etwas Ähnliches, das einen Mann in Rom dazu veranlasste, seinen Kopf einzuwickeln, während ein von ihm favorisiertes Pferd rannte; und als das Pferd wider Erwarten gewann, brauchte er Schwämme, um sich von seinem Ohnmachtsanfall zu erholen. Was war es also, das ihn bewegte? Die genaue Erörterung dieser Frage mag jetzt nicht von Belang sein, aber wenn es stimmt, was die Philosophen sagen, dürfen wir nicht im Äußeren danach suchen; vielmehr ist es in allen Fällen ein und dieselbe Sache, die die Ursache für unser Handeln oder Nichthandeln, unsere Worte oder unser Schweigen, unser Hochgefühl oder unsere Depression, unsere Vermeidung oder unser Streben ist - und genau diese Sache ist jetzt der Grund dafür, dass Sie zu mir kommen, hier sitzen und zuhören und dass ich sage, was ich sage. Und was ist diese Sache? Ist es etwas anderes als unser Wille, dies zu tun? "Nein, das ist es nicht."

Aber wenn wir anders gewollt hätten, was hätten wir dann anderes getan als das, was wir tun wollten? Deshalb war Achilles' Wehklagen dadurch verursacht, nicht durch den Tod von Patroklos; denn ein anderer Mensch verhält sich nicht so, wenn sein Gefährte stirbt, sondern Achilles hat sich dazu entschlossen, dies zu tun. Und du bist weggelaufen, weil du es so gewollt hast; und wenn du dich entscheidest, bei ihr zu bleiben, wird der Grund derselbe sein. Im Moment gehst du nach Rom, weil du dich dafür entschieden hast; und wenn du deine Meinung änderst, wirst du nicht dorthin gehen.

KAPITEL 11 — Von natürlicher Zuneigung

Zusammenfassend lässt sich sagen, dass weder der Tod, noch das Exil, noch der Schmerz, noch irgendetwas anderes die Ursache für unser Handeln oder Nichthandeln ist, sondern vielmehr unsere eigene Meinung und unser Wille. Überzeuge ich Sie davon oder nicht? "Du überzeugst mich." Die Ursachen und Wirkungen stehen also im Verhältnis zueinander. Wenn wir also von heute an etwas Falsches tun, werden wir es auf nichts anderes zurückführen als auf den Willen, mit dem wir es getan haben, und wir werden uns bemühen, es zu entfernen und auszurotten, so wie wir Tumore und Abszesse aus dem Körper entfernen würden. In ähnlicher Weise werden wir die Ursache für unsere rechtschaffenen Handlungen erklären; und wir werden nicht länger Sklaven, Nachbarn, Ehefrauen oder Kinder als Ursache für jegliches Unglück verantwortlich machen, da wir davon überzeugt sind, dass wir, wenn wir die Dinge nicht so wahrnehmen, wie wir denken, dass sie sind, nicht auf der Grundlage dieser Meinungen handeln werden. Und was das Wahrnehmen oder Nicht-Wahrnehmen angeht, so liegt das in unserer Hand und wird nicht von äußeren Faktoren beeinflusst. "Das ist wahr", sagte er. Von diesem Tag an werden wir also nichts anderes als die Qualität und den Zustand unserer Meinungen untersuchen und prüfen, nicht Land, Sklaven, Pferde oder Hunde. "Ich hoffe es." Du siehst also, dass du, wenn du wirklich vorhast, deine eigenen Meinungen zu untersuchen, ein Gelehrter werden musst, eine Position, die jeder belächelt; und du weißt selbst, dass dies nicht die Arbeit einer Stunde oder eines Tages ist.

Von der Lektion...

Überprüfen Sie Ihre eigene Meinung, denn sie ist der Katalysator für Ihr Handeln und das wesentliche Element für ein erfülltes Leben.

Zur Aktion!

(1) Erkundigen Sie sich nach den Kriterien für die Unterscheidung zwischen Dingen, die der Natur entsprechen, und Dingen, die ihr nicht entsprechen.

(2) Konzentrieren Sie sich auf das Lernen und die Ausbildung in Dingen, die notwendig sind, um zu verstehen, was richtig und gut ist.

(3) Prüfen Sie das Kriterium, anhand dessen sich feststellen lässt, ob eine Handlung sowohl liebevoll als auch vernünftig ist.
(4) Erkennen Sie, dass es weder vernünftig noch liebevoll ist, ein krankes Kind allein zu lassen.
(5) Berücksichtigen Sie die Sichtweisen und Handlungen anderer, die ebenfalls Zuneigung zu dem Kind empfinden.
(6) Überlegen Sie, wie Sie selbst in einer ähnlichen Situation behandelt werden möchten.
(7) Verstehen Sie, dass unser Wille die letzte Ursache für unsere Handlungen und Entscheidungen ist.
(8) Übernehmen Sie die Verantwortung für Ihr Handeln und schieben Sie es nicht auf äußere Faktoren.
(9) Unsere eigenen Meinungen und Überzeugungen zu überprüfen und zu hinterfragen.
(10) Ständiges Streben nach Verbesserung und Hinterfragung unserer eigenen Meinung.
(11) Verstehen Sie, dass die Überprüfung der eigenen Meinung ein langfristiger Prozess ist.
(12) Konzentrieren Sie sich mehr auf die Prüfung und das Verständnis unserer eigenen Meinung als auf äußere Umstände.
(13) Erkennen Sie, dass es in unserer Hand liegt, zu denken oder nicht zu denken.

KAPITEL 12

— Von der Zufriedenheit

Im Bereich der Götter gibt es verschiedene Sichtweisen. Einige argumentieren, dass es kein göttliches Wesen gibt, während andere behaupten, dass es, wenn es eines gibt, gleichgültig ist und sich nicht in weltliche Angelegenheiten einmischt. Eine andere Gruppe glaubt, dass sich ein solches Wesen, wenn es denn existiert, nur mit großen und himmlischen Dingen beschäftigt und irdische Angelegenheiten vernachlässigt. Wiederum eine andere Gruppe glaubt, dass ein göttliches Wesen sowohl irdischen als auch himmlischen Angelegenheiten Aufmerksamkeit schenkt, wenn auch in einem allgemeinen Sinne, ohne sich speziell um Einzelpersonen zu kümmern. Und schließlich gibt es Menschen wie Odysseus und Sokrates, die behaupten, dass sie nicht ohne das Wissen der Götter handeln. Angesichts dieser widersprüchlichen Überzeugungen ist es von entscheidender Bedeutung, den Wahrheitsgehalt der einzelnen Meinungen zu untersuchen. Wenn es keine Götter gibt, welchen Sinn hat es dann, ihnen zu folgen? Selbst wenn sie existieren, aber desinteressiert sind, sollten wir ihnen trotzdem folgen? Und wenn sie existieren und sich um die Dinge kümmern, aber nicht mit den Menschen kommunizieren, ist es dann richtig, ihnen zu folgen? Deshalb muss der weise und tugendhafte Mensch über diese Ideen nachdenken und seinen Geist bereitwillig mit der göttlichen Verwaltung in Einklang bringen, so wie ein guter Bürger sich an die Gesetze des Staates hält.

KAPITEL 12 — Von der Zufriedenheit

> Die verschiedenen Überzeugungen über die Existenz von Göttern und die Suche nach Freiheit durch Akzeptanz

Was die Götter betrifft, so gibt es einige, die behaupten, dass ein göttliches Wesen nicht existiert. Andere argumentieren, dass es zwar existiert, aber untätig und gleichgültig ist und sich um nichts kümmert. Eine dritte Gruppe behauptet, dass ein solches Wesen existiert und Weitsicht beweist, aber nur für große und himmlische Angelegenheiten, und alles auf der Erde außer Acht lässt. Eine vierte Gruppe behauptet, dass ein göttliches Wesen sowohl für irdische als auch für himmlische Angelegenheiten vorausschaut, aber in allgemeiner Weise und nicht für bestimmte Dinge. Schließlich gibt es noch eine fünfte Gruppe, zu der Odysseus und Sokrates gehören. Sie verkünden: "Ich bewege mich nicht ohne dein Wissen".

Vor allem muss man jede dieser Meinungen untersuchen und feststellen, ob sie wahr oder falsch sind. Wenn es keine Götter gibt, wie kann es dann unser Ziel sein, ihnen zu folgen? Und wenn sie zwar existieren, sich aber um nichts kümmern, wie kann es dann richtig sein, ihnen zu folgen? Wenn sie aber doch existieren und sich um Dinge kümmern, selbst wenn sie den Menschen, mich eingeschlossen, nichts mitteilen, ist es dann immer noch richtig? Der weise und tugendhafte Mensch unterwirft, nachdem er all diese Dinge bedacht hat, seinen eigenen Verstand demjenigen, der alles regiert, so wie gesetzestreue Bürger sich den Gesetzen des Staates unterwerfen. Jemand, der Unterricht sucht, sollte sich an den Lehrer mit der Absicht wenden, zu lernen, wie man den Göttern in allen Dingen folgen kann, wie man die göttliche Ordnung akzeptiert und wie man frei wird. Denn wahre Freiheit bedeutet, dass alles in Übereinstimmung mit dem eigenen Willen geschieht, und niemand kann ihn daran hindern. Was ist also der "Wahnsinn der Freiheit"? Es ist überhaupt kein Wahnsinn, denn Wahnsinn und Freiheit können nicht nebeneinander bestehen. Aber Sie könnten sagen: "Ich will, dass alles genau so geschieht, wie ich es will und wie ich es mir wünsche". Das ist Wahnsinn, du bist irrational. Verstehst du nicht, dass die Freiheit eine edle und wertvolle Sache ist? Es ist jedoch niederträchtig und schändlich, sich zu wünschen, dass alles so geschieht, wie wir es wollen, ohne die Folgen zu bedenken.

KAPITEL 12 — Von der Zufriedenheit

Betrachten wir zum Beispiel das Thema Schreiben. Habe ich das Recht, den Namen Dion so zu schreiben, wie ich will? Nein, mir wird beigebracht, ihn richtig zu schreiben. Das Gleiche gilt für die Musik und jede andere Kunst oder Wissenschaft. Wäre es nicht so, wäre das Wissen wertlos, wenn es auf die Launen des Einzelnen zugeschnitten wäre. Ist Freiheit also der einzige Bereich, in dem ich handeln darf, ohne die Konsequenzen zu bedenken? Ganz und gar nicht. Gebildet zu sein bedeutet zu lernen, wie man sich wünscht, dass alles so geschieht, wie es geschieht. Und wie geschehen die Dinge? Sie geschehen so, wie derjenige, der sie arrangiert, sie arrangiert hat. Sie haben Sommer und Winter, Überfluss und Knappheit, Tugend und Laster und alle anderen gegensätzlichen Kräfte zum Wohle der Gesamtharmonie zugeordnet. Jeder von uns hat einen Körper, Körperteile, Besitztümer und Gefährten erhalten.

In Anbetracht der gegenwärtigen Situation ist es wichtig zu erkennen, dass wir uns um Unterweisung bemühen sollten, nicht in der Absicht, die natürliche Ordnung der Dinge zu verändern - denn dazu fehlt uns die Fähigkeit, und es liegt nicht in unserem Interesse, eine solche Macht zu haben -, sondern vielmehr, um die Harmonie mit den uns umgebenden Umständen zu erhalten. Können wir uns wirklich von anderen Individuen lösen? Ist das überhaupt möglich? Und selbst wenn wir uns mit ihnen zusammentun würden, könnten wir sie ändern? Wer gibt uns eine solche Autorität? Welche Möglichkeiten bleiben uns also, mit anderen in Kontakt zu treten? Gibt es eine Möglichkeit für sie, so zu handeln, wie es ihnen gefällt, während wir eine Denkweise beibehalten, die im Einklang mit der Natur steht? Sie scheinen jedoch nicht gewillt zu sein, dies zu tolerieren und fühlen sich ständig unzufrieden. Wenn du allein bist, nennst du es Einsamkeit, und wenn du in Gesellschaft anderer bist, bezeichnest du sie als Schurken und Diebe. Sie bemängeln Ihre eigenen Familienmitglieder und Nachbarn. Wenn du allein bist, bezeichnest du diesen Zustand stattdessen als Ruhe und Freiheit und betrachtest dich als den Göttern ähnlich. Und wenn du in der Gegenwart von vielen bist, betrachte sie nicht als Menschenmenge, Ärger oder Unruhe, sondern als Fest und Zusammenkunft und akzeptiere sie von ganzem Herzen.

KAPITEL 12 — Von der Zufriedenheit

Was ist dann die Strafe für diejenigen, die nicht annehmen? Sie müssen so bleiben, wie sie sind. Wenn jemand mit dem Alleinsein unzufrieden ist, soll er allein sein. Wenn ein Mensch mit seinen Eltern unzufrieden ist, soll er ein schlechter Sohn sein und klagen. Wenn er mit seinen Kindern unzufrieden ist, soll er ein schlechter Vater sein. "Werft ihn ins Gefängnis." Aber wo ist dieses Gefängnis? Es ist dort, wo er bereits ist, denn er ist dort gegen seinen Willen. Und wenn ein Mensch gegen seinen Willen ist, ist er im Gefängnis. Sokrates war also nicht im Gefängnis, denn er war freiwillig dort. "Muss denn mein Bein gelähmt werden?" Du Unglücklicher, tadelst du die Welt wegen eines armen Beines? Willst du es nicht bereitwillig für das Ganze aufgeben? Willst du dich nicht von ihm lösen? Wirst du es nicht gerne dem zurückgeben, der es dir gegeben hat? Und wirst du dich nicht ärgern und unzufrieden sein mit den Dingen, die Zeus festgelegt hat, die er mit den Moiren, die anwesend waren und den Faden deiner Generation gesponnen haben, definiert und geordnet hat? Ist euch nicht klar, wie klein ihr im Vergleich zum Ganzen seid, vor allem, wenn es um den Körper geht? Was die Intelligenz betrifft, so seid ihr den Göttern nicht unterlegen und auch nicht weniger intelligent als sie. Das Ausmaß der Intelligenz wird nicht durch Länge oder Höhe gemessen, sondern durch Gedanken.

Willst du dann nicht dein Glück in dem suchen, in dem du den Göttern gleich bist? "Wie schade, dass ich einen solchen Vater und eine solche Mutter habe." Was war es dir denn erlaubt, hervorzutreten, zu wählen und zu sagen: "Ein solcher Mann soll sich jetzt mit einer solchen Frau vereinigen, damit ich gezeugt werden kann?" Es war nicht erlaubt, sondern es war eine Notwendigkeit, dass eure Eltern zuerst existierten, und dass ihr dann gezeugt wurdet. Von welcher Art von Eltern? Von solchen, wie sie es waren. Nun, da sie so sind, wie sie sind, gibt es dann kein Heilmittel für dich? Wenn ihr nicht wüsstet, wozu ihr das Sehvermögen besitzt, so wäret ihr unglücklich und unglücklich, wenn ihr die Augen schließen würdet, wenn euch Farben vor Augen geführt werden; wenn ihr aber für jedes Ereignis, das geschehen kann, eine große Seele und einen edlen Geist besitzt und nicht wisst, dass ihr sie besitzt, seid ihr dann nicht noch unglücklicher und unglücklicher? Es werden euch

Dinge nahegebracht, die im Verhältnis zu der Kraft stehen, die ihr besitzt, aber ihr wendet diese Kraft gerade dann ab, wenn ihr sie offen und scharfsinnig halten solltet. Dankst du nicht vielmehr den Göttern, dass sie dir erlaubt haben, über den Dingen zu stehen, die sie nicht in deine Macht gestellt haben, und dass sie dich nur für die verantwortlich gemacht haben, die in deiner Macht stehen? Was deine Eltern betrifft, so haben dich die Götter von der Verantwortung befreit, und so ist es auch mit deinen Brüdern, mit deinem Körper, mit deinem Besitz, mit Tod und Leben. Wofür also haben sie dich verantwortlich gemacht? Für das, was allein in eurer Macht steht, den richtigen Gebrauch der Erscheinungen. Warum also ziehst du das auf dich, wofür du nicht verantwortlich bist? Das ist in der Tat eine Mühe, die du dir selbst machst.

Von der Lektion...

Akzeptieren Sie die Dinge, die sich Ihrer Kontrolle entziehen, und konzentrieren Sie sich darauf, Ihren Verstand und Ihr Handeln für das einzusetzen, was in Ihrer Macht steht.

Zur Aktion!

(1) Erkundigen Sie sich nach den einzelnen Meinungen über die Existenz und das Wesen der Götter und stellen Sie fest, ob sie wahr sind oder nicht.
(2) Überlegen Sie, welche Auswirkungen die verschiedenen Vorstellungen von Göttern haben, z. B. das Fehlen von Göttern, untätige Götter, Götter, die sich nur auf himmlische Dinge konzentrieren, oder Götter, die alles im Voraus bedenken.
(3) Untersuchen Sie das Konzept der Freiheit und verstehen Sie, dass wahre Freiheit nicht bedeutet, dass alles so geschieht, wie man es sich wünscht, sondern dass man sich mit der göttlichen Verwaltung der Dinge zufrieden gibt und sie akzeptiert.
(4) Erkennen Sie, dass es nicht in unserer Macht steht, die Beschaffenheit der Dinge zu ändern, deshalb ist es wichtig, dass wir unseren Geist in Harmonie mit den Dingen halten, die geschehen.
(5) Akzeptieren Sie, dass wir der Interaktion mit anderen nicht entkommen können, und lernen Sie stattdessen, eine Haltung einzunehmen, die mit der Natur übereinstimmt und die Anwesenheit anderer akzeptiert.

(6) Verstehen Sie, dass Unzufriedenheit und Unlust nur zu selbst auferlegtem Leid führen, und dass das Akzeptieren und Annehmen der gegenwärtigen Umstände Ruhe und Freiheit bringen kann.

(7) Erkennen Sie, dass die Strafe dafür, dass Sie die gegenwärtigen Umstände nicht akzeptieren, darin besteht, dass Sie weiterhin Unzufriedenheit und Unmut erleben.

(8) Erkennen Sie an, dass es sinnlos ist, sich über äußere Faktoren wie Eltern, Kinder oder die Welt zu beschweren, da wir keine Kontrolle über diese Dinge haben, und wir sollten lernen, sie bereitwillig zu akzeptieren.

(9) Kultivieren Sie Dankbarkeit für die Fähigkeiten und Fertigkeiten, die wir besitzen, wie Intelligenz und Unterscheidungsvermögen, und nutzen Sie sie, um das Gute in dem zu finden, was in unserer Macht steht.

(10) Erkennen Sie, dass wir nicht für die Handlungen und Eigenschaften anderer, unserer Familie oder äußerer Umstände verantwortlich sind, und konzentrieren Sie sich stattdessen darauf, unsere Macht des richtigen Umgangs mit Äußerlichkeiten zu nutzen.

KAPITEL 13

— Wie alles den Göttern wohlgefällig getan werden kann

Um so zu essen, dass es den Göttern gefällt, muss man sich bemühen, Gerechtigkeit, Zufriedenheit, Gleichmut, Mäßigung und Ordentlichkeit zu verkörpern. Wahre Akzeptanz liegt jedoch nicht nur in tugendhaften Handlungen, sondern auch in der Fähigkeit, Gelassenheit und Akzeptanz zu bewahren, wenn man mit Herausforderungen oder Unannehmlichkeiten konfrontiert wird. Wenn eine Bitte um warmes Wasser unbemerkt bleibt oder nicht erfüllt wird, ist es wichtig, standhaft zu bleiben und nicht in Ärger oder Frustration zu verfallen. Diese Akzeptanz der Umstände, egal wie ungünstig sie sind, wird als göttergefällig angesehen. Darüber hinaus ist es wichtig, sich im Umgang mit schwierigen Personen, wie z. B. einem nachlässigen Sklaven, daran zu erinnern, dass man mit allen Menschen verwandt ist, da wir alle Nachkommen des Zeus sind. Daher sollte man nicht zulassen, dass Macht oder Besitz zu Tyrannei führen, sondern vielmehr Mitgefühl und Verständnis zeigen. Indem wir unseren Fokus von den irdischen Gesetzen auf die göttlichen Gesetze verlagern, können wir ein tugendhafteres und annehmbareres Leben kultivieren.

KAPITEL 13 — Wie alles den Göttern wohlgefällig getan werden kann

Akzeptanz und Mitgefühl im täglichen Leben

Als jemand fragte, wie ein Mensch so essen kann, dass es für die Götter akzeptabel ist, antwortete er: Wenn er gerecht, zufrieden und gleichmütig sowie gemäßigt und ordentlich essen kann, wäre das nicht auch für die Götter annehmbar? Was aber, wenn du um warmes Wasser bittest und der Sklave dich nicht hört, oder wenn er zwar hört, aber nur lauwarmes Wasser bringt, oder wenn er gar nicht im Haus anzutreffen ist? Ist es in solchen Situationen für die Götter nicht akzeptabel, wenn man sich nicht aufregt oder die Beherrschung verliert? "Aber wie kann ein Mensch jemanden wie diesen Sklaven ertragen?" Bist du nicht auch ein Sklave? Würdest du nicht deinen eigenen Bruder tolerieren, der denselben Zeus wie sein Vorfahre hat und von denselben Samen und der gleichen Abstammung von oben abstammt? Aber wenn du eine höhere Position einnimmst, wirst du dann sofort zum Tyrannen? Wirst du dich nicht daran erinnern, wer du bist und über wen du Autorität hast? Sie sind deine Verwandten, sie sind von Natur aus deine Brüder, und sie sind die Nachkommen des Zeus. "Aber ich habe sie gekauft, und sie haben mich nicht gekauft." Erkennst du, in welche Richtung du blickst? In Richtung der Erde, in Richtung des Grabes; in Richtung dieser elenden Gesetze, die von toten Menschen gemacht wurden. Aber du blickst nicht auf die Gesetze der Götter.

Von der Lektion...

Denkt daran, gerecht, zufrieden und mit Gleichmut, Mäßigung und Ordentlichkeit zu essen, um die Götter zu erfreuen, und lasst euch nicht von den Handlungen anderer provozieren oder aus der Fassung bringen.

Zur Aktion!

(1) Essen Sie gerecht und zufriedenstellend: Bemühen Sie sich um einen ausgewogenen und fairen Umgang mit dem Essen und achten Sie dabei auf die Auswirkungen auf sich selbst und andere.
(2) Üben Sie sich in Gleichmut: Kultivieren Sie eine ruhige und gelassene Haltung, vor allem in Situationen, in denen die Dinge nicht so laufen wie erwartet oder gewünscht.

(3) Essen Sie maßvoll und geordnet: Vermeiden Sie Nachsicht oder Übermaß beim Essen und halten Sie einen systematischen und disziplinierten Ansatz für Ihre Essgewohnheiten ein.

(4) Akzeptanz und Geduld: Anstatt wütend oder frustriert zu werden, wenn man mit Unzulänglichkeiten oder Fehlern anderer konfrontiert wird, sollte man sich bemühen, ruhig und akzeptierend zu bleiben.

(5) Üben Sie sich in Empathie und Verständnis: Denken Sie daran, dass alle Menschen miteinander verbunden sind und ein gemeinsames Band teilen. Behandeln Sie daher andere mit Freundlichkeit und Mitgefühl, unabhängig von ihrem sozialen Status oder ihrer Position.

(6) Vermeiden Sie es, ein Tyrann zu werden: Wenn Sie eine Machtposition innehaben, bemühen Sie sich, diese verantwortungsvoll und mit Respekt vor den Rechten und der Würde anderer zu nutzen.

(7) Erinnern Sie sich an Ihre eigene Identität und an die gemeinsame Menschlichkeit: Erkennen Sie an, dass alle Menschen gleich sind und Respekt verdienen, und lassen Sie nicht zu, dass soziale Hierarchien das eigene Urteilsvermögen trüben.

(8) Konzentrieren Sie sich auf göttliche Gesetze statt auf menschliche Gesetze: Bevorzugen Sie Prinzipien und Werte, die mit höheren spirituellen oder moralischen Standards übereinstimmen, anstatt sich an gesellschaftlichen oder rechtlichen Normen zu orientieren, die vielleicht nicht gerecht oder tugendhaft sind.

(9) Blicken Sie über irdische Belange hinaus: Verlagern Sie den Fokus weg von materialistischen oder weltlichen Angelegenheiten und richten Sie stattdessen Ihre Aufmerksamkeit auf geistiges Wachstum und das Streben nach höheren Idealen.

KAPITEL 14

— Dass die Gottheit über alle Dinge wacht

Wenn man die göttliche Gegenwart und die Verflechtung aller Dinge verstehen will, muss man die natürliche Übereinstimmung zwischen irdischen und himmlischen Bereichen erkennen. Wenn Pflanzen gehorsam auf Gottes Befehle für Wachstum und Fruchtbildung reagieren und himmlische Körper bedeutende Veränderungen in der irdischen Existenz orchestrieren, wird deutlich, dass sogar unsere Seelen eng mit dem Göttlichen verbunden sind. Während wir uns in den komplexen menschlichen Angelegenheiten zurechtfinden und unzählige Eindrücke und Erinnerungen festhalten, müssen wir anerkennen, dass sich Gottes Aufsicht und Wahrnehmung auf alle Dinge erstreckt. Und so wie Soldaten dem Kaiser die Treue schwören, sind wir aufgerufen, uns dem Göttlichen zu verpflichten und uns selbst über alles zu stellen, um Gehorsam zu leisten und alles anzunehmen, was uns geschenkt wurde.

> Die Einheit von Gottes Schöpfung: Nachdenken über die Verbindung der Natur mit dem Göttlichen

Als ihn jemand fragte, wie ein Mensch davon überzeugt sein könne, dass alle seine Handlungen unter Gottes Kontrolle stehen, antwortete er: "Glauben Sie nicht, dass alles miteinander verbunden ist?" Die Person antwortete: "Ja, das tue ich." "Glauben Sie nicht,

KAPITEL 14 — Dass die Gottheit über alle Dinge wacht

dass sich die irdischen Dinge mit den himmlischen verbinden? "Ja, das tue ich." "Und wie sonst lässt sich der konsequente Gehorsam gegenüber Gottes Befehl erklären? Wenn er den Pflanzen befiehlt, zu blühen, blühen sie dann nicht? Wenn er ihnen befiehlt, Triebe zu bilden, bilden sie dann nicht Triebe? Wenn er ihnen befiehlt, Früchte zu tragen, wie sonst sollen sie Früchte tragen? Wenn er befiehlt, dass die Früchte reifen, reifen sie dann nicht? Wenn er ihnen befiehlt, die Früchte fallen zu lassen, wie sollten sie sie sonst fallen lassen? Und wenn er den Blättern befiehlt, zu fallen, fallen sie dann nicht? Und wenn er ihnen befiehlt, sich zusammenzulegen und auszuruhen, wie sonst sollten sie stillstehen und ruhen? Und wie sonst lassen sich die bedeutenden Veränderungen erklären, die wir bei den irdischen Dingen während des Zu- und Abnehmens des Mondes und des Zu- und Abnehmens der Sonne beobachten können? Aber wenn die Pflanzen und unser Körper so eng mit dem Ganzen verflochten sind, sollte es unsere Seele nicht noch mehr sein? Und wenn unsere Seelen so eng mit Gott verbunden sind und als Teile von ihm mit ihm in Kontakt stehen, würde Gott dann nicht jede Bewegung dieser Teile als seine eigene Bewegung wahrnehmen, die untrennbar mit ihm verbunden ist? Können Sie nun gleichzeitig an göttliche Verwaltung, göttliche Angelegenheiten und menschliche Angelegenheiten denken? Kannst du von zahllosen Dingen gleichzeitig in deinen Sinnen und in deinem Verstand bewegt werden, wobei du einigen zustimmst und anderen widersprichst, und manchmal dein Urteil aussetzen kannst? Kannst du zahllose Eindrücke von zahlreichen und unterschiedlichen Dingen in deiner Seele bewahren und dich von ihnen beeinflussen lassen, indem du ähnliche Vorstellungen bildest wie die, die dir zuerst eingeprägt wurden? Und können Sie zahlreiche Fähigkeiten und Erinnerungen an unzählige Dinge bewahren? Und ist Gott nicht in der Lage, alle Dinge zu überblicken, bei allen anwesend zu sein und Mitteilungen von allen zu empfangen? Und wenn die Sonne einen so großen Teil des Universums beleuchten kann und nur den Teil, der vom Schatten der Erde bedeckt ist, unbeleuchtet lässt, kann dann nicht derjenige, der die Sonne selbst erschaffen hat und kontrolliert, als einen kleinen Teil im Vergleich zum Ganzen, alle Dinge wahrnehmen?

"Aber ich kann nicht", mag der Mann antworten, "all diese Dinge auf einmal begreifen." Aber wer sagt dir, dass du die gleiche Macht hast wie Zeus? Dennoch hat er jedem Menschen einen Wächter zur Seite gestellt, den Dämon eines jeden Menschen, dem er die Sorge für den Menschen anvertraut hat, einen Wächter, der niemals schläft und sich niemals täuschen lässt. Welchem besseren und sorgfältigeren Wächter hätte er einen jeden von uns anvertrauen können? Wenn du die Türen verschlossen und die Dunkelheit in dich hineingelassen hast, denke daran, niemals zu sagen, dass du allein bist, denn du bist es nicht. Gott ist in euch, und euer Dämon ist in euch. Sie brauchen kein Licht, um zu sehen, was ihr tut. Diesem Gott solltet ihr einen Eid schwören, so wie die Soldaten dem Cäsar. Die Soldaten schwören, die Sicherheit Cäsars über alles zu stellen, und ihr, die ihr so viele und so große Gunst erhalten habt, werdet ihr nicht schwören? Und wenn ihr geschworen habt, werdet ihr dann nicht zu eurem Schwur stehen? Und was sollst du schwören? Niemals ungehorsam zu sein, niemals Anklage zu erheben, niemals etwas zu bemängeln, was er gegeben hat, und niemals unwillig zu tun oder zu dulden, was notwendig ist. Ist dieser Schwur mit dem Soldatenschwur vergleichbar? Die Soldaten schwören, niemanden vor Cäsar zu bevorzugen, und in diesem Eid schwören die Menschen, sich selbst vor allem anderen zu ehren.

Von der Lektion...

Erkennen Sie, dass alle Dinge miteinander verbunden sind, und verstehen Sie, dass Gott in jeder Handlung gegenwärtig ist und alles leitet und beobachtet.

Zur Aktion!

(1) Denken Sie über die Einheit aller Dinge und die natürliche Übereinstimmung und Verbindung zwischen irdischen und himmlischen Dingen nach.

(2) Erkennen Sie die Regelmäßigkeit und Ordnung in der Natur als Beweis für Gottes Befehl und Aufsicht.

(3) Betrachten Sie die Verflechtung von Pflanzen, Körpern, Seelen und Gott und die Wahrnehmung jeder Bewegung als Teil von Gottes eigener Bewegung, die mit ihm selbst verbunden ist.
(4) Denken Sie an die Fähigkeit, Gedanken über die göttliche Verwaltung, menschliche Angelegenheiten und mehrere Sinnes- und Denkeindrücke gleichzeitig zu haben.
(5) Erkennen Sie an, dass Gott in der Lage ist, alles zu überblicken und bei allen Dingen anwesend zu sein und die Kommunikation von allen zu empfangen.
(6) Denken Sie an das große Licht der Sonne und an die Fähigkeit Gottes, der die Sonne erschaffen hat und sie kontrolliert, alle Dinge wahrzunehmen.
(7) Denkt daran, dass ihr nie allein seid, denn Gott und euer Daemon (Wächter) sind immer bei euch.
(8) Schwöre Gott und deinem Dämon, gehorsam zu sein, keine Anschuldigungen zu erheben oder das Gegebene zu beanstanden und bereitwillig das Notwendige zu tun und zu ertragen.
(9) Überlegen Sie, inwieweit Ihr Eid dem Eid des Soldaten auf Cäsar ähnelt und wie wichtig es ist, sich selbst vor allen anderen zu ehren.

KAPITEL 15

— Was die Philosophie verspricht

Auf der Suche nach Rat zur Lösung eines Konflikts mit seinem Bruder wandte sich ein Mann an Epiktet, um einen weisen Rat zu erhalten. Epictetus' Antwort vermittelte ein tiefes Verständnis für das Wesen der Philosophie. Er erklärte, dass es in der Philosophie nicht darum geht, materielle Besitztümer zu erwerben oder Einfluss auf andere auszuüben. Stattdessen konzentriert sie sich darauf, das eigene Innere mit den Prinzipien der Natur in Einklang zu bringen. Epiktet betonte, dass jeder Einzelne für sein eigenes Leben und seine Entscheidungen verantwortlich ist, während äußere Angelegenheiten wie Beziehungen, Ansehen und Gesundheit nicht in den Bereich der Philosophie fallen. Diese kurze Begegnung bildet die Grundlage für eine tiefgreifende Erforschung der Lebenskunst und der Kultivierung der Tugend.

Leitlinien für die Erhaltung eines naturkonformen Zustands

Als ein Mann ihn fragte, wie er seinen Bruder dazu bringen könne, nicht mehr wütend auf ihn zu sein, antwortete Epictetus: "Die Philosophie zielt nicht darauf ab, dem Menschen irgendeinen äußeren Besitz zu verschaffen. Wenn sie das täte, würde sie etwas zulassen, das außerhalb ihrer Möglichkeiten liegt. So wie Holz das Material für den Zimmermann und Kupfer das Material für den Bildhauer ist, so ist das Leben eines jeden Menschen das Material für die Lebenskunst. Was gehört dann zu meinem Bruder? Das gehört zu seiner eigenen Kunst. Aber im Verhältnis zu deiner Kunst ist es ein äußerer Besitz, wie ein Stück Land, wie Gesundheit, wie Ansehen. Die Philosophie macht jedoch keine Versprechungen über diese Dinge. Stattdessen sagt sie: "Unter allen Umständen werde ich den herrschenden Teil in Übereinstimmung mit der Natur erhalten. Welcher herrschende Teil? Der herrschende Teil der Person, in der ich bin', sagt sie."

"Wie kann ich meinen Bruder dazu bringen, nicht mehr wütend auf mich zu sein?" Bring ihn zu mir, und ich werde es ihm erklären. Aber ich habe dir nichts über seinen Zorn zu sagen.

Als der Mann, der ihn konsultierte, sagte: "Ich möchte wissen, wie ich mich in einem Zustand erhalten kann, der der Natur entspricht, auch wenn mein Bruder sich nicht mit mir versöhnt", antwortete Epiktet: "Nichts Großes wird plötzlich erreicht, so wie die Traube oder die Feige. Wenn du mir jetzt sagst, dass du eine Feige willst, werde ich dir sagen, dass es Zeit braucht. Sie muss erst blühen, dann Früchte tragen und dann reifen. Ist die Frucht eines Feigenbaums also nicht plötzlich in nur einer Stunde vollendet? Würden Sie erwarten, dass Sie die Früchte des Geistes eines Menschen so schnell und einfach erwerben können? Erwarte es nicht, auch wenn ich es dir sage."

Von der Lektion...

Suchen Sie nicht nach äußeren Dingen, die Ihnen Erfüllung bringen. Konzentrieren Sie sich stattdessen darauf, Ihren eigenen inneren Charakter zu kultivieren und im Einklang mit der Natur zu leben.

Zur Aktion!

(1) Verstehen Sie, dass die Philosophie nicht darauf abzielt, dem Menschen äußere Dinge zu sichern, sondern sich vielmehr darauf konzentriert, den regierenden Teil in Übereinstimmung mit der Natur zu halten.
(2) Erkennen Sie an, dass die Lebenskunst das Leben jedes Einzelnen betrifft und dass äußere Faktoren, wie Beziehungen zu anderen, nicht direkt in den Bereich der Philosophie fallen.
(3) Erkennen Sie, dass der Zorn eines anderen, z. B. eines Bruders, etwas Äußerliches ist und nicht durch Philosophie kontrolliert oder beeinflusst werden kann.

(4) Akzeptieren Sie, dass die Lösung von Konflikten oder die Versöhnung mit anderen nicht in den Zuständigkeitsbereich der Philosophie fällt, und suchen Sie bei Bedarf andere Mittel oder professionelle Hilfe, um solche Beziehungsprobleme zu lösen.

(5) Machen Sie sich klar, dass persönliche Entwicklung und Wachstum in einem Leben im Einklang mit der Natur Zeit und Geduld brauchen, so wie ein Obstbaum allmählich reife Früchte trägt.

(6) Erkennen Sie, dass es unrealistisch ist, sofortige Ergebnisse oder eine schnelle Lösung zu erwarten, um einen Zustand zu erhalten, der der Natur entspricht, und dass dies den Prinzipien der persönlichen Entwicklung widerspricht.

(7) Lassen Sie sich von vertrauenswürdigen Quellen oder Fachleuten wie Epiktet beraten, wenn Sie schwierige Situationen meistern oder nach Wegen suchen, um Ihr persönliches Wohlbefinden unter schwierigen Umständen zu erhalten.

KAPITEL 16

— Von der Vorsehung

Angesichts der tiefgreifenden Wunder, die die Natur zu bieten hat, kann man leicht übersehen, wie kompliziert sie aufgebaut ist und wie durchdacht sie vorgesorgt hat. Während wilde Tiere keine zusätzliche Pflege benötigen, verlangen wir Menschen das Nötigste an Nahrung, Kleidung und Unterkunft. Anstatt uns für unsere privilegierte Stellung zu bedanken, beschweren wir uns oft grundlos. Doch selbst die einfachsten Schöpfungen der Natur - ein Grashalm, ein Glas Milch - sollten als Zeugnis für die komplizierte Vorsehung einer höheren Macht dienen. Wir sollten die Bedeutung dieser kleinen Wunder nicht abtun, sondern stattdessen die göttliche Weisheit hinter jedem einzelnen betrachten. Außerdem sollten wir es nicht versäumen, Lob und Dankbarkeit für die uns verliehenen Gaben auszusprechen und die Verantwortung zu erkennen, die wir haben, um die von der Natur geschaffenen Unterscheidungen zu bewahren und zu ehren.

Die Vorsehung Gottes in der Natur und die Würdigung seiner Werke

Wundern Sie sich nicht, wenn auch andere Tiere, außer dem Menschen, alles Notwendige für ihren Körper haben. Sie haben nicht nur Essen und Trinken, sondern auch ein Bett. Sie brauchen keine Schuhe, kein Bettzeug und keine Kleidung. Wir Menschen hingegen benötigen all diese zusätzlichen Dinge. Das liegt daran, dass Tiere nicht für sich selbst geschaffen wurden, sondern um zu dienen. Es wäre also nicht angemessen, wenn sie andere Dinge bräuchten.

KAPITEL 16 — Von der Vorsehung

Stellen Sie sich vor, wir müssten uns nicht nur um uns selbst, sondern auch um Rinder und Esel kümmern. Wir müssten dafür sorgen, dass sie gekleidet und beschlagen sind und dass sie richtig gefüttert und getränkt werden. Im Gegensatz dazu sind Tiere, die für den Dienst bestimmt sind, wie Soldaten, die von ihrem Befehlshaber auf den Kampf vorbereitet werden, bereits ausgerüstet und vorbereitet und benötigen keine weitere Pflege. Deshalb kann sogar ein kleiner Junge, der nur einen Stock hat, das Vieh treiben.

Doch anstatt dankbar zu sein, dass wir uns nicht so sehr um die Tiere kümmern müssen wie um uns selbst, beschweren wir uns über Gott in unserem eigenen Namen. Doch im Namen des Zeus und der Götter würde eine einzige Sache, die es gibt, ausreichen, um einen Menschen die Vorsehung Gottes erkennen zu lassen, zumindest einen, der demütig und dankbar ist. Und reden Sie mir jetzt nicht von den großen Dingen, denken Sie nur an Folgendes: Milch wird aus Gras gewonnen, Käse wird aus Milch gemacht, und Wolle wird aus Tierhäuten gewonnen. Wer hat diese Dinge hergestellt oder erfunden? "Niemand", sagst du. Oh, welch erstaunliche Schamlosigkeit und Dummheit!

Nun, lassen wir die Wunder der Natur beiseite und konzentrieren wir uns auf die kleinen Details. Gibt es etwas Unbedeutenderes als ein Kinnhaar? Doch hat die Natur dieses Haar nicht auf die angemessenste Weise genutzt? Hat sie es nicht benutzt, um zwischen Männern und Frauen zu unterscheiden? Verkündet das Aussehen eines Mannes nicht schon von weitem: "Ich bin ein Mann; nähert euch mir als solcher, sprecht mich als solchen an; es ist nicht nötig, etwas anderes zu tun; seht die Zeichen"? Ähnlich verhält es sich bei den Frauen: Die Natur hat ihre Stimmen weich gemacht und ihnen die Kinnhaare genommen. Man könnte einwenden: "Nein, die menschliche Spezies hätte ohne Unterscheidungsmerkmale bleiben sollen, und jeder von uns hätte erklären müssen: 'Ich bin ein Mann'". Aber ist das Zeichen nicht schön und passend, sogar ehrwürdig? Viel mehr als der Kamm eines Hahns und viel angemessener als die Mähne eines Löwen. Aus diesem Grund sollten wir die Zeichen, die Gott uns gegeben hat, wertschätzen. Wir sollten sie nicht wegwerfen oder die Grenzen zwischen den Geschlechtern verwischen.

Sind dies die einzigen Werke der Vorsehung in uns? Und welche Worte genügen, um sie zu preisen und ihren wahren Wert auszudrücken? Denn wenn wir den Verstand besitzen, sollten wir dann nicht etwas anderes tun, als Hymnen zu singen und die Gottheit als Kollektiv und als Einzelne zu preisen und von seiner Güte zu sprechen? Sollten wir nicht diesen Hymnus an Gott singen, während wir mit der Arbeit beschäftigt sind, wie beim Graben, Pflügen und sogar beim Essen? "Groß ist Gott, der uns die Werkzeuge gegeben hat, um das Land zu bebauen; groß ist Gott, der uns Hände gegeben hat, die Fähigkeit zu verzehren, einen Magen, unsichtbares Wachstum, und die Kraft zu atmen, während wir schlafen." Das sollten wir bei jeder Gelegenheit singen, und wir sollten die großartigste und göttlichste Hymne dafür singen, dass er uns die Fähigkeit gegeben hat, diese Dinge zu begreifen und sie richtig einzusetzen. Da viele von euch ihr Augenlicht verloren haben, sollte es dann nicht jemanden geben, der diese Aufgabe übernimmt und im Namen aller die Hymne an Gott singt? Denn was kann ich als alter, behinderter Mann anderes tun, als Gott Hymnen zu singen? Wenn ich eine Nachtigall wäre, würde ich wie eine Nachtigall singen; wenn ich ein Schwan wäre, würde ich dasselbe tun. Aber ich bin ein vernunftbegabtes Wesen, und deshalb muss ich Gott loben. Das ist meine Pflicht; ich erfülle sie, und ich werde diese Position nicht aufgeben, solange es mir erlaubt ist, in ihr zu bleiben. Ich ermutige Sie, in dasselbe Lied einzustimmen.

Von der Lektion...

Wir sollten dankbar sein für die vielen Vorräte und Vorzüge, die uns die Natur geschenkt hat, und wir sollten Lieder singen, in denen wir Gott für seine Segnungen in allen Bereichen unseres Lebens preisen.

Zur Aktion!

(1) Seien Sie dankbar für die Vorräte, die uns zur Verfügung gestellt werden, wie Essen, Trinken, Kleidung und Unterkunft, und erkennen Sie an, dass wir das Privileg haben, uns nicht in gleicher Weise um die Tiere kümmern zu müssen.

(2) Anstatt uns über unsere eigene Situation zu beklagen, sollten wir die Vorsehung Gottes erkennen und die kleinen, aber

bemerkenswerten Dinge in der Natur schätzen, wie Milch aus Gras, Käse aus Milch und Wolle aus Häuten.

(3) Schätzen Sie das Design der Natur, selbst in kleinen Details wie dem Kinnhaar, das zwischen Männern und Frauen unterscheidet, und erkennen Sie die Schönheit und den Zweck hinter diesen natürlichen Unterschieden.

(4) Singen Sie Hymnen und segnen Sie die Gottheit, um Ihre Dankbarkeit für die Wohltaten und die Versorgung zu zeigen, die wir erhalten, sei es bei der Arbeit, beim Essen oder bei jeder anderen täglichen Aktivität.

(5) Erkennen Sie den Wert unserer Vernunft und unserer Fähigkeit, Dinge zu begreifen und richtig zu nutzen, und nutzen Sie sie als Gelegenheit, Gott zu loben.

(6) Ermutigen Sie andere, mit Ihnen gemeinsam Lieder zu singen und Gott zu danken.

KAPITEL 17

— Dass die logische Kunst notwendig ist

Die Vernunft als das Vermögen, das alles andere analysiert und vervollkommnet, braucht ihre eigene Analyse. Es stellt sich also die Frage: Soll die Vernunft von sich selbst oder von etwas Höherem analysiert werden? Die letztere Option erweist sich als unmöglich, so dass die Vernunft sich selbst analysieren muss. Es ist jedoch dringend notwendig, unsere Meinungen und Überzeugungen zu überprüfen und zu korrigieren. Diese Dringlichkeit führt uns zur Bedeutung der Logik, die die Macht hat, andere Dinge zu unterscheiden, zu untersuchen, zu messen und abzuwägen. Bevor wir uns jedoch mit der Logik befassen, ist es von entscheidender Bedeutung, den Willen der Natur zu verstehen, eine Aufgabe, die dem Interpreten der Natur obliegt. Bei dieser Untersuchung geht es nicht nur darum, die Lehren des Chrysippus zu verstehen, sondern vor allem auch darum, das Wesen der Natur selbst zu erfassen.

Die Macht der Vernunft und das Verständnis der Natur

Da die Vernunft das Vermögen ist, das die anderen Vermögen analysiert und vervollkommnet, und da sie selbst nicht versäumen sollte, analysiert zu werden, warum sollte sie analysiert werden? Denn es ist klar, dass dies entweder durch sie selbst oder durch ein anderes Ding geschehen muss. Entweder ist also dieses andere auch die Vernunft oder etwas anderes, das der Vernunft überlegen ist, was unmöglich ist. Wenn es aber die Vernunft ist, wer soll dann diese

KAPITEL 17 — Dass die logische Kunst notwendig ist

Vernunft analysieren? Denn wenn diese Vernunft dies für sich selbst tut, kann es auch unsere Vernunft tun. Wenn wir aber etwas anderes verlangen, wird die Sache ins Unendliche gehen und kein Ende haben. Die Vernunft wird also durch sich selbst analysiert.

"Ja, aber es ist dringender, (unsere Meinungen) zu heilen und dergleichen." Wirst du dann über diese Dinge hören? Höre. Wenn ihr aber sagen solltet: "Ich weiß nicht, ob ihr wahr oder falsch argumentiert", und wenn ich mich in irgendeiner Weise zweideutig ausdrücken sollte, und ihr solltet zu mir sagen: "Unterscheidet", dann werde ich euch nicht länger ertragen und sagen: "Es ist dringender." Das ist der Grund, nehme ich an, warum sie die logische Kunst an die erste Stelle setzen, so wie wir beim Messen von Getreide die Prüfung des Maßes an die erste Stelle setzen. Aber wenn wir nicht zuerst bestimmen, was ein Modius und was eine Waage ist, wie sollen wir dann etwas messen oder wiegen können? Wenn wir also in diesem Fall das Kriterium aller anderen Dinge, durch das die anderen Dinge gelernt werden, nicht vollständig gelernt und genau untersucht haben, können wir dann etwas anderes genau untersuchen und vollständig lernen? "Ja, aber der Modius ist nur Holz und ein Ding, das keine Früchte trägt. Aber er ist ein Ding, mit dem man Getreide messen kann. "Auch die Logik bringt keine Früchte hervor." Das werden wir noch sehen; aber selbst wenn man dies behaupten würde, so genügt es doch, dass die Logik die Kraft hat, andere Dinge zu unterscheiden und zu untersuchen, sie zu messen und zu wiegen. Wer sagt das? Ist es nur Chrysippus und Zeno und Cleanthes? Und sagt das nicht auch Antisthenes? Und wer hat geschrieben, dass die Prüfung der Namen der Anfang der Bildung ist? Und hat das nicht Sokrates gesagt? Und von wem schreibt Xenophon, er habe mit der Prüfung der Namen begonnen, was jeder Name bedeute? Ist dies denn das große und wundersame Ding, Chrysippus zu verstehen oder zu deuten? Wer sagt das? Was ist denn das Wunderbare? Den Willen der Natur zu verstehen. Nun, begreifst du ihn denn selbst aus eigener Kraft? Und was brauchst du mehr? Denn wenn es wahr ist, dass alle Menschen unwillkürlich irren, und du die Wahrheit erfahren hast, musst du notwendigerweise richtig

KAPITEL 17 — Dass die logische Kunst notwendig ist

handeln. "Aber in Wahrheit erkenne ich den Willen der Natur nicht." Wer sagt uns dann, was er ist?

Sie sagen, es sei Chrysippus. Ich gehe weiter und erkundige mich, was dieser Interpret der Natur sagt. Ich fange an, nicht zu verstehen, was er sagt, also suche ich einen Dolmetscher von Chrysippus. Er sagt: "Nun, bedenke, wie das gesagt wird, als ob es in römischer Sprache gesagt würde." Was ist das für eine Arroganz des Dolmetschers? Es ist keine Anmaßung, die man Chrysippus mit Recht vorwerfen kann, wenn er den Willen der Natur nur interpretiert, aber nicht selbst befolgt, und das gilt erst recht für seinen Interpreten. Wir brauchen Chrysippus nicht um seiner selbst willen, sondern um die Natur zu verstehen. Wir brauchen auch den Wahrsager nicht um seiner selbst willen, sondern weil wir glauben, dass wir durch ihn die Zukunft erkennen und die Zeichen der Götter verstehen können. Ebenso brauchen wir die Eingeweide der Tiere nicht um ihrer selbst willen, sondern weil sie uns als Zeichen dienen. Und wir staunen nicht über die Krähe oder den Raben selbst, sondern über Gott, der durch sie Zeichen gibt.

Dann gehe ich zu der Person, die diese Dinge erklären kann, und zu der Person, die die Opferrituale durchführt. Ich bitte sie: "Bitte untersuchen Sie die inneren Organe für mich und informieren Sie mich über die Zeichen, die sie offenbaren." Derjenige nimmt die inneren Organe, öffnet sie und deutet ihre Bedeutung. Er sagt: "Mensch, du besitzt einen Willen, der von Natur aus uneingeschränkt und frei von äußeren Einflüssen ist. Das zeigt sich in dem, was ich hier an den inneren Organen sehe. Lassen Sie mich dies zunächst in Bezug auf den Akt der Zustimmung demonstrieren. Kann dich jemand daran hindern, der Wahrheit zuzustimmen? Niemand kann das. Kann jemand Sie zwingen, Unwahrheiten zu akzeptieren? Niemand kann das. Sie können feststellen, dass Ihr Wille in dieser Hinsicht unbehindert, unabhängig und ungehindert ist." Betrachten wir nun das Verlangen und das Streben nach einem Ziel. Ist das etwas anderes? Was kann Ihr Streben behindern, außer einem anderen Streben? Und was kann Ihre Wünsche und Abneigungen beeinflussen, wenn nicht andere Wünsche und Abneigungen? Sie könnten jedoch argumentieren: "Wenn Sie mich mit der Angst vor dem Tod konfrontieren, zwingen Sie mich". Nein, was Sie zwingt, ist nicht das, was Ihnen präsentiert wird, sondern Ihre Überzeugung, dass es besser ist, eine bestimmte Handlung vorzunehmen, als zu sterben. Es ist also Ihre eigene Meinung, die Sie zwingt - ein Wille zwingt einen anderen. Wenn Gott den Teil seiner selbst, den er uns geschenkt hat, so gestaltet hätte, dass er von ihm selbst oder von jemand anderem behindert oder gezwungen werden könnte, dann wäre er kein wahrer Gott, und er würde sich nicht so um uns kümmern, wie er sollte. "Dies", sagt der Wahrsager, "ist es, was ich an den Opfertieren erkenne: Das sind die Botschaften, die euch übermittelt werden. Wenn du dich entscheidest, bist du frei; wenn du dich entscheidest, wirst du niemandem die Schuld geben und niemanden zur Verantwortung ziehen. Alles wird in Übereinstimmung mit eurem eigenen Verstand und dem Verstand Gottes sein." Wegen dieser Wahrsagung konsultiere ich sowohl den Wahrsager als auch den Philosophen, nicht weil ich den Interpreten bewundere, sondern weil ich die Ideen bewundere, die interpretiert werden.

Von der Lektion...

Analysieren und verfeinern Sie Ihre Argumentation, erfassen Sie die Wünsche der Natur und nehmen Sie sich die Freiheit, nach der Wahrheit zu streben und Handlungen vorzunehmen, die mit Ihren Grundwerten übereinstimmen.

Zur Aktion!

(1) Analysieren Sie die Vernunft und bestimmen Sie ihr Wesen - ob sie durch sich selbst oder durch etwas anderes analysiert werden kann.
(2) Untersuchen Sie die logische Kunst und ihre Fähigkeit, andere Dinge zu unterscheiden und zu untersuchen.
(3) Verstehen des Willens der Natur und seiner Auswirkungen auf das menschliche Handeln.
(4) Recherchieren und verstehen Sie die Interpretationen von Chrysippus zum Willen der Natur.
(5) Befragen Sie den Interpreten von Chrysippus und versuchen Sie, sein Verständnis zu klären.
(6) Denken Sie über die Art der Interpretation nach und darüber, ob sie zu einem echten Verständnis der Natur führt.

(7) Befragen Sie Wahrsager und Philosophen, um Einblicke in den Willen der Natur und seine Auswirkungen auf die persönliche Entscheidungsfreiheit zu erhalten.

(8) Bedenken Sie die Bedeutung von Zeichen und Deutungen für das Verständnis des göttlichen Willens.

(9) Überlegen Sie, welche Rolle Meinungen dabei spielen, den persönlichen Willen und das persönliche Verlangen zu fördern oder zu behindern.

(10) Erkennen Sie, dass das Willensvermögen frei von Hindernissen und Zwang ist, was sich darin zeigt, dass andere Menschen nicht in der Lage sind, die Zustimmung zu falschen Überzeugungen zu erzwingen.

(11) Denken Sie über das Wechselspiel zwischen Verlangen und Streben nach und über die Möglichkeit, dass ein Verlangen oder eine Abneigung ein anderes überwältigen kann.

(12) Verstehen Sie, dass die Angst vor dem Tod kein direkter Zwang ist, sondern vielmehr unsere Meinung, dass bestimmte Handlungen dem Tod vorzuziehen sind.

(13) Denken Sie über die Rolle Gottes und seine Fürsorge für die Menschen nach, die sich in der Natur unseres Willens und seiner Fähigkeit, frei von Zwängen zu sein, zeigt.

(14) Erkennen Sie die Entscheidungsfreiheit und die damit verbundene Verantwortung an, ohne anderen die Schuld für unser Handeln zu geben oder sie dafür verantwortlich zu machen.

(15) Betonen Sie die Ausrichtung des persönlichen Willens auf die Gedanken Gottes als einen erstrebenswerten Zustand.

KAPITEL 18

— Dass wir uns nicht über die Fehler anderer ärgern sollen

Bei der Erforschung des menschlichen Verhaltens und der Emotionen gehen die Philosophen davon aus, dass sich der Einzelne von bestimmten Grundsätzen leiten lässt, zu denen die Überzeugung der Zustimmung, der Ablehnung oder der Aussetzung des Urteils gehört. Auch in Bezug auf unsere Wünsche und Handlungen argumentieren diese Philosophen, dass wir von der Überzeugung geleitet werden, dass etwas für uns von Vorteil ist. Aber wenn das so ist, warum werden wir dann wütend auf andere, die eine andere Meinung haben oder Handlungen ausführen, die unseren eigenen widersprechen? Dieses zum Nachdenken anregende Kapitel hinterfragt unsere Tendenz, andere zu beurteilen und zu verurteilen, und fordert uns auf, darüber nachzudenken, ob es barmherziger ist, diejenigen zu bemitleiden, die falsche Überzeugungen vertreten, oder zu versuchen, sie zu einem besseren Verständnis zu führen.

> Die Macht der Selbstbeherrschung: Wut überwinden und das Unveränderliche wertschätzen

Wenn es wahr ist, was die Philosophen sagen, daß alle Menschen ein Prinzip haben, wie bei der Zustimmung die Überzeugung, daß eine Sache so ist, und bei der Ablehnung die Überzeugung, daß eine Sache nicht so ist, und bei der Spannung des Urteils die

KAPITEL 18 — Dass wir uns nicht über die Fehler anderer ärgern sollen

Überzeugung, daß eine Sache ungewiß ist, Und es ist unmöglich, eine Sache für vorteilhaft zu halten und eine andere zu begehren, eine Sache für richtig zu halten und eine andere anzustreben; warum sind wir dann zornig auf die vielen? "Sie sind Diebe und Räuber", magst du sagen. Was meint ihr mit Dieben und Räubern? "Sie irren sich über Gut und Böse." Sollen wir ihnen nun böse sein oder sie bemitleiden? Aber zeige ihnen ihren Irrtum, und du wirst sehen, wie sie von ihren Irrtümern ablassen. Wenn sie ihre Irrtümer nicht sehen, haben sie nichts Besseres als ihre jetzige Meinung.

"Sollte dieser Räuber und Ehebrecher nicht vernichtet werden?" Auf keinen Fall, sondern wir sollten vielmehr so sprechen: "Sollten wir diesen Menschen nicht vernichten, der sich in den wichtigsten Dingen geirrt und getäuscht hat und der nicht blind ist in seiner visuellen Wahrnehmung, um Schwarz von Weiß zu unterscheiden, sondern in seiner moralischen Wahrnehmung, um Gut von Böse zu unterscheiden?" Wenn Sie es so ausdrücken, werden Sie erkennen, wie unmenschlich es ist, so etwas zu sagen, als ob Sie vorschlagen würden: "Sollten wir diesen blinden und tauben Mann nicht vernichten?" Wenn jedoch der größte Schaden darin besteht, dass einem Menschen das Wichtigste genommen wird, und das Wichtigste in jedem Menschen ist sein Wille oder seine Entscheidung, wie es sein sollte, und wenn man einem Menschen diesen Willen nimmt, warum sollte man dann wütend auf ihn sein? Mensch, du solltest dich nicht durch das Fehlverhalten eines anderen gegen die Natur negativ beeinflussen lassen. Habt stattdessen Mitleid mit ihnen, lasst diese Bereitschaft, beleidigt zu sein und zu hassen, los und unterlasst es, die Worte zu benutzen, die die Mehrheit ausruft: "Diese verfluchten und abscheulichen Kerle."

Wie bist du plötzlich so weise geworden? Und warum bist du so leicht zu verärgern? Warum sind wir dann wütend? Liegt es daran, dass wir so viel Wert auf die Dinge legen, die diese Menschen von uns stehlen? Bewundere nicht deine Kleidung, und du wirst dem Dieb nicht böse sein. Bewundere nicht die Schönheit deiner Frau, und du wirst dem Ehebrecher nicht böse sein. Lerne, dass ein Dieb und ein Ehebrecher kein Recht auf die Dinge haben, die dir gehören, sondern auf die, die anderen gehören und über die du keine

KAPITEL 18 — Dass wir uns nicht über die Fehler anderer ärgern sollen

Kontrolle hast. Wenn Sie diese Dinge abtun und sie als unbedeutend betrachten, auf wen werden Sie dann noch zornig sein? Solange du diesen Dingen aber einen Wert beimisst, solltest du dich über dich selbst ärgern und nicht über den Dieb oder den Ehebrecher. Betrachte die Sache einmal so: Du hast schöne Kleider, dein Nachbar aber nicht. Sie haben ein Fenster und wollen Ihre Kleidung lüften. Der Dieb versteht nicht, was das Gut eines Menschen ausmacht, aber er glaubt, dass es darin besteht, schöne Kleider zu haben, was auch du glaubst. Darf er sie dir also nicht wegnehmen? Wenn du gierigen Menschen einen Kuchen zeigst und ihn selbst verzehrst, erwartest du dann nicht, dass sie ihn dir wegnehmen? Provozieren Sie sie nicht, haben Sie kein Fenster, lüften Sie Ihre Kleider nicht. Vor kurzem hatte ich eine eiserne Lampe neben meinen Hausgöttern aufgestellt. Als ich ein Geräusch an der Tür hörte, eilte ich die Treppe hinunter und stellte fest, dass die Lampe gestohlen worden war. Mir wurde klar, dass die Person, die die Lampe gestohlen hatte, nichts Ungewöhnliches getan hatte. Was soll's? Morgen, dachte ich, wirst du eine irdene Lampe finden, denn der Mensch verliert nur, was er besitzt. "Ich habe mein Gewand verloren." Der Grund dafür ist, dass du ein Kleidungsstück hattest. "Ich habe Kopfschmerzen." Habt ihr Schmerzen in euren Hörnern? Warum sind Sie dann verärgert? Weil wir nur Dinge verlieren und Schmerzen über die Dinge erleiden, die wir besitzen.

Aber der Tyrann wird sich anketten. An was? Das Bein. Er wird es abnehmen. Das was? Den Hals. Was wird er dann nicht anketten und nicht wegnehmen? Den Willen. Deshalb lehrten die Alten die Maxime: "Erkenne dich selbst". Deshalb sollten wir uns in kleinen Dingen üben und von ihnen ausgehend zu den größeren übergehen. "Ich habe Schmerzen im Kopf." Sage nicht: "Ach, weh!" "Ich habe Schmerzen im Ohr." Sagt nicht: "Schade!" Und ich sage nicht, dass du nicht stöhnen darfst, aber stöhne nicht innerlich; und wenn dein Sklave nur langsam einen Verband bringt, schreie nicht und quäle dich nicht und sage: "Alle hassen mich"; denn wer würde einen solchen Menschen nicht hassen? Für die Zukunft gehe aufrecht und frei umher und verlasse dich nicht auf die Größe deines Körpers, wie ein Athlet; denn ein Mann soll nicht unbesiegbar sein, wie ein Esel es ist.

Wer ist also der Unbesiegbare? Es ist derjenige, der sich durch nichts aus der Ruhe bringen lässt, was nicht unter seiner Kontrolle steht. Wenn ich mir die einzelnen Umstände anschaue, sehe ich dies am Beispiel des Sportlers. Sie haben den ersten Wettkampf gewonnen, aber was ist mit dem zweiten? Was ist, wenn die Bedingungen ungünstig sind? Was ist, wenn es sich um den prestigeträchtigen Wettkampf bei Olympia handelt? Auch in diesem Fall würden sie ablehnen, wenn Sie ihnen Geld anbieten würden. Nun stellen Sie sich vor, Sie stellen ihnen ein junges Mädchen in den Weg. Was dann? Und was ist, wenn es in der Dunkelheit ist? Was ist, wenn sie kritisiert oder gelobt werden? Was ist, wenn sie mit dem Tod konfrontiert werden? Sie werden all das überwinden. Ob in der Hitze oder im Regen, in einem düsteren Gemütszustand oder im Schlaf, sie werden trotzdem triumphieren. Das ist mein unschlagbarer Athlet.

Von der Lektion...

Lassen Sie nicht zu, dass äußere Umstände und die Handlungen anderer Wut und Hass in Ihnen wecken; fördern Sie stattdessen Verständnis und Einfühlungsvermögen und konzentrieren Sie sich auf die Kultivierung Ihres eigenen Willens und Ihrer inneren Stärke.

Zur Aktion!

(1) Denken Sie über das Prinzip nach, das alle Menschen haben und das Zustimmung, Ablehnung und Aussetzung des Urteils beinhaltet.
(2) Hinterfragen Sie, warum wir uns über andere ärgern, die andere Meinungen oder Überzeugungen über Gut und Böse haben.
(3) Anstatt sich zu ärgern, sollten Sie Mitleid mit denjenigen haben, die sich irren oder getäuscht werden.
(4) Versuchen Sie, anderen ihre Fehler aufzuzeigen und ihnen zu helfen, ihre Sichtweise zu ändern.
(5) Vermeiden Sie die Unmenschlichkeit, andere aufgrund ihrer Fehler oder ihrer Blindheit im Verständnis von Gut und Böse zerstören oder schädigen zu wollen.

KAPITEL 18 — Dass wir uns nicht über die Fehler anderer ärgern sollen

(6) Erkennen Sie, dass der größte Schaden für eine Person darin besteht, dass ihr der eigene Wille oder die eigene Wahl genommen wird.

(7) Lassen Sie sich nicht von den schlechten Taten anderer beeinflussen, was der Natur widerspricht.

(8) Lassen Sie die Bereitschaft, beleidigt zu sein oder zu hassen, fallen und vermeiden Sie es, andere mit abwertenden Begriffen zu beschreiben.

(9) Dinge weniger wertschätzen, um nicht wütend zu sein, wenn sie jemand wegnimmt.

(10) Erkennen Sie, dass Besitz und äußere Faktoren nicht Ihren Wert oder Ihr Glück definieren.

(11) Verstehen Sie, dass Menschen, die Ihnen Schaden zufügen oder Ihnen etwas wegnehmen, das suchen, was sie als gut empfinden, genau wie Sie.

(12) Provoziere andere nicht, indem du mit dem, was sie begehren, zur Schau stellst, z. B. mit schöner Kleidung oder Besitztümern.

(13) Praktizieren Sie die Loslösung von äußeren Dingen und konzentrieren Sie sich auf das, was wirklich in Ihrer Macht steht.

(14) Bedenken Sie, dass es nur natürlich ist, etwas zu verlieren und Schmerz zu empfinden, wenn wir etwas zu verlieren haben.

(15) Erkennen Sie, dass niemand Ihnen Ihren Willen oder Ihre Entscheidung abnehmen kann, denn Sie haben die Kontrolle darüber.

(16) Machen Sie sich die Maxime "Erkenne dich selbst" zu eigen und kontrollieren Sie Ihre Reaktionen auf kleine Dinge, bevor Sie sich größeren Herausforderungen zuwenden.

(17) Beschweren Sie sich nicht übermäßig und quälen Sie sich nicht wegen kleiner Unannehmlichkeiten oder fehlender Soforthilfe.

(18) Geben Sie nicht anderen die Schuld und denken Sie nicht, dass jeder Sie hasst, wenn die Dinge nicht so laufen wie erwartet.

(19) Gehen Sie aufrecht und frei, verlassen Sie sich nicht auf körperliche Stärke oder Unbesiegbarkeit, sondern auf die Kraft des Willens.

(20) Streben Sie danach, unbesiegbar zu sein, indem Sie nicht zulassen, dass äußere Umstände Ihren inneren Frieden stören.

(21) Nehmen Sie sich ein Beispiel an einem Athleten, der trotz verschiedener Herausforderungen siegreich bleibt.

(22) Üben Sie, Hindernisse zu überwinden, wie z. B. die Versuchung des Geldes oder die Verlockungen von Vergnügen oder Lob.

(23) Bereiten Sie sich darauf vor, schwierigen Umständen, wie Dunkelheit, Kritik oder sogar dem Tod, mit Widerstandskraft und Entschlossenheit zu begegnen.

(24) Beherrschen Sie Ihre Gefühle und Reaktionen auch unter schwierigen Bedingungen wie Hitze, Regen, Melancholie oder Müdigkeit.

(25) Ziel ist es, ein unbesiegbarer Mensch zu werden, der durch die Kraft seines Willens jede Situation überwinden kann.

KAPITEL 19

—— Wie wir uns gegenüber Tyrannen verhalten sollten

In ihrem Streben nach Überlegenheit fallen Menschen oft aufgeblasenen Egos und einer falschen Wahrnehmung von Macht zum Opfer. Dieser Auszug befasst sich mit der Denkweise derjenigen, die glauben, Autorität zu besitzen, obwohl sie dies in Wirklichkeit nicht tun. Der Autor hinterfragt das wahre Ausmaß des Einflusses einer Person und betont die Bedeutung von Selbstfürsorge und Selbstachtung. Indem er die Dynamik zwischen Herrschern und ihren Untertanen und die Natur unserer Bindung an uns selbst untersucht, stellt der Text die Vorstellung in Frage, dass äußere Kräfte unsere angeborene Freiheit wirklich stören oder behindern können. Letztlich behauptet er, dass es unsere eigenen Meinungen sind, insbesondere über Dinge, die sich unserer Kontrolle entziehen, die innere Unruhe verursachen können.

Die Kraft der Selbstachtung und die Übernahme von Verantwortung

Wenn eine Person glaubt, irgendeine Form von Überlegenheit zu besitzen, auch wenn sie es nicht tut, wird sie, wenn es ihr an angemessener Bildung mangelt, unweigerlich arrogant werden. Ein Tyrann könnte zum Beispiel erklären: "Ich bin der Herrscher über alles". Aber was kann er wirklich für mich tun? Können sie mir einen Wunsch erfüllen, der nicht behindert wird? Wie könnten sie das? Verfügen sie über die unfehlbare Fähigkeit, das zu vermeiden, was sie vermeiden wollen? Können sie sich auf ein Ziel zubewegen, ohne Fehler zu machen? Und wenn ja, wie verfügen sie über diese Fähigkeit? Ich möchte Sie Folgendes fragen: Wenn Sie auf einem Schiff sind, trauen Sie sich selbst oder dem Steuermann zu, das Schiff zu steuern? Und wenn Sie in einem Streitwagen sitzen, wem vertrauen Sie, wenn nicht dem Fahrer? So ist es auch in allen anderen Bereichen. Wo liegt also Ihre wahre Macht? "Jeder respektiert mich", werden Sie vielleicht sagen. Nun, ich respektiere auch meinen Teller; ich wasche ihn und wische ihn sauber. Und meiner Ölflasche zuliebe schlage ich sogar einen Pflock in die Wand. Sind diese Dinge also besser als ich? Nein, sie erfüllen einfach einige meiner Bedürfnisse, und deshalb kümmere ich mich um sie. Aber kümmere ich mich nicht um meinen Esel? Wasche ich ihm nicht die Füße und mache ihn sauber? Begreifst du nicht, dass jeder Mensch sich selbst genauso achtet, wie er dich achtet, genauso wie er seinen eigenen Esel achtet? Wer betrachtet dich wirklich als Mensch? Zeig es mir. Wer strebt danach, so zu werden wie du? Wer ahmt dich nach, so wie man Sokrates nachahmt? "Aber ich kann dir das Leben nehmen", wirst du vielleicht sagen. Du hast recht. Ich hatte vergessen, dass ich dich wie ein Fieber oder eine Krankheit betrachten und vielleicht sogar einen Altar für dich errichten sollte, ähnlich dem Fieberaltar in Rom.

Was ist es dann, das die Massen beunruhigt und erschreckt? Ist es der Tyrann und seine Wachen? Ich hoffe aufrichtig nicht. Es ist einfach unmöglich, dass etwas, das von Natur aus frei ist, durch etwas anderes als sich selbst gestört oder behindert werden kann. Vielmehr sind es die eigenen Überzeugungen und Meinungen, die den Menschen stören. Wenn zum Beispiel ein Tyrann droht, einem Mann ein Bein anzuketten, bittet der Mann, der sein Bein schätzt, um Gnade. Der Mann, der seinen eigenen Willen schätzt, sagt jedoch: "Wenn es dir vorteilhafter erscheint, dann kette es doch an." "Ist dir das egal?" Es ist mir einfach egal. "Ich werde dir zeigen, dass ich die Kontrolle habe." Das kannst du nicht tun. Zeus hat mich befreit - denkst du, er würde zulassen, dass sein eigener Sohn versklavt wird? Aber du bist der Herr über meinen physischen Körper, also nimm ihn. "Wenn du dich mir also näherst, hast du keine Achtung vor mir?" Nein, aber ich habe Achtung vor mir selbst. Und wenn du willst, dass ich sage, dass ich auch vor dir Achtung habe, kann ich dir nur sagen, dass ich vor dir die gleiche Achtung habe wie vor meinem Kochtopf.

Das ist keine seltsame Besessenheit von sich selbst, denn das Tier ist dazu bestimmt, alle Aufgaben zu seinem eigenen Nutzen zu erfüllen. Sogar die Sonne erfüllt alle Aufgaben zu ihrem eigenen Nutzen, und sogar Zeus selbst. Wenn Zeus jedoch beschließt, für Regen und Früchte zu sorgen und der Vater der Götter und Menschen zu sein, kann er diese Aufgaben und Titel nur erfüllen, wenn er den Menschen nützlich ist. Es liegt in der Natur des vernunftbegabten Tieres, dass es keines seiner individuellen Interessen erfüllen kann, wenn es nicht etwas zum Gemeinwohl beiträgt. So gesehen ist es nicht ungesellig, wenn ein Mensch alles für sich selbst tut. Was erwarten Sie denn? Soll der Mensch sich selbst und seine eigenen Interessen vernachlässigen? Und wenn das der Fall wäre, wie könnte es dann ein einziges Prinzip geben, das für alle Tiere gilt, das Prinzip der Selbstbezogenheit?

Was dann? Wenn absurde Vorstellungen über Dinge, die von unserem Willen unabhängig sind, als ob sie gut und schlecht wären, unserer Meinung zugrunde liegen, müssen wir notwendigerweise Tyrannen achten. Ich wünschte, man würde nur auf Tyrannen Rücksicht nehmen und nicht auch auf die Männer im Schlafgemach. Wie kommt es, dass ein Mann plötzlich weise wird, wenn Cäsar ihn zum Verwalter des nahen Schemels ernennt? Wie kommt es, dass wir sofort sagen: "Felicion hat vernünftig zu mir gesprochen"? Ich wünschte, er würde aus dem Schlafgemach entfernt, damit er euch wieder töricht erscheinen könnte. Epaphroditus hatte einen Schuster, den er verkaufte, weil der Schuster nichts taugte. Glücklicherweise wurde dieser Mensch von einem der Männer Cäsars gekauft und wurde Cäsars Schuster. Ihr hättet sehen sollen, welchen Respekt Epaphroditus ihm entgegenbrachte: "Wie geht es dem guten Felicion, bitte?" Wenn dann jemand von uns fragte: "Was macht der Herr?", lautete die Antwort: "Er berät etwas mit Felicion." Aber hatte er den Mann nicht verkauft, weil er ihn für nutzlos hielt? Wer hat ihn dann plötzlich weise gemacht? Dies ist ein Beispiel dafür,

KAPITEL 19 — Wie wir uns gegenüber Tyrannen verhalten sollten

dass man etwas anderes wertschätzt als die Dinge, die vom Willen abhängen.

Ist jemals ein Mann zum Tribun ernannt worden? Jeder, der ihm begegnet, beglückwünscht ihn; einer küsst seine Augen, ein anderer seinen Hals, und die Sklaven küssen ihm die Hände. Als er in seinem Haus ankommt, findet er bereits Fackeln vor. Dann begibt er sich zum Kapitol, wo er zur Feier des Tages ein Opfer darbringt. Aber wer hat jemals ein Opfer gebracht, weil er gute Absichten hatte? Weil er im Einklang mit der Natur gehandelt hat? In Wirklichkeit danken wir den Göttern für die Dinge, die wir für gut halten.

Heute diskutierte jemand mit mir über das Priestertum des Augustus. Ich sagte zu ihm: "Mann, lass es gut sein. Du gibst viel Geld für nichts aus." Er antwortete jedoch: "Diejenigen, die Verträge schreiben, werden jeden Namen nennen." Unterstützt du also diejenigen, die sie lesen und sagen: "Da steht mein Name drauf"? Und wenn Sie jetzt bei solchen Gelegenheiten dabei sein können, was werden Sie tun, wenn Sie tot sind? "Mein Name wird bleiben." Schreib ihn auf einen Stein, und er wird bleiben. Aber sag mir, welche Erinnerung an dich wird außerhalb von Nikopolis bleiben? "Aber ich werde eine Krone aus Gold tragen." Wenn du wirklich eine Krone willst, nimm eine aus Rosen und trage sie. Sie wird eleganter aussehen.

Von der Lektion...

Lassen Sie nicht zu, dass falsche Vorstellungen von Überlegenheit oder äußere Umstände Ihren Selbstwert und Ihr Glück bestimmen; stellen Sie Ihr eigenes Wohlbefinden in den Vordergrund, handeln Sie im Einklang mit der Natur und schätzen Sie das, was wirklich zählt.

Zur Aktion!

(1) Über die eigene Überlegenheit nachdenken und hinterfragen, ob sie auf tatsächlichen Fähigkeiten oder nur auf einem aufgeblähten Ego beruht.

(2) Erkennen Sie, dass wahre Macht in der Fähigkeit liegt, die eigenen Wünsche und Handlungen zu kontrollieren, anstatt sich auf äußere Faktoren zu verlassen.

KAPITEL 19 — Wie wir uns gegenüber Tyrannen verhalten sollten

(3) Erkennen Sie die Dinge, die wirklich wertvoll sind, und kümmern Sie sich um sie, anstatt sich von gesellschaftlichen Erwartungen oder oberflächlichen Wertvorstellungen beeinflussen zu lassen.

(4) Verstehen Sie, dass die Achtung, die jeder Mensch anderen entgegenbringt, in erster Linie auf Eigeninteresse beruht und nicht mit echtem Respekt oder Bewunderung verwechselt werden sollte.

(5) Hinterfragen Sie absurde Vorstellungen und falsche Überzeugungen darüber, was gut und was schlecht ist, insbesondere in Bezug auf Dinge, auf die man keinen Einfluss hat.

(6) Vermeiden Sie es, Titeln, Positionen oder äußerer Anerkennung Bedeutung beizumessen, denn sie spiegeln nicht unbedingt wahre Weisheit oder wahren Wert wider.

(7) Konzentrieren Sie sich darauf, gute Wünsche zu entwickeln und Ihre Handlungen mit der Natur in Einklang zu bringen, anstatt nach externer Bestätigung oder Lob zu suchen.

(8) Erkennen Sie an, dass wahre Dankbarkeit auf Dinge gerichtet sein sollte, die zum eigenen Wohlbefinden und zum Gemeinwohl beitragen, und nicht auf bloße Statussymbole oder Errungenschaften.

(9) Suchen Sie nicht nach Bestätigung durch äußere Symbole oder Positionen, da diese nicht den wahren Wert oder das Vermächtnis der Person definieren.

(10) Bedenken Sie die Vergänglichkeit irdischer Errungenschaften und konzentrieren Sie sich darauf, Tugenden und Qualitäten zu kultivieren, die eine dauerhafte Wirkung haben werden.

KAPITEL 20

— Über die Vernunft, wie sie über sich selbst nachdenkt

Dieses Kapitel befasst sich mit der Natur der verschiedenen Künste und Fähigkeiten und ihrer Fähigkeit zur Selbstreflexion. Es wird betont, dass eine Kunst oder eine Fähigkeit sich selbst betrachten kann, wenn sie zur gleichen Kategorie gehört wie die Objekte, die sie betrachtet. Gehört sie jedoch zu einer anderen Kategorie, fehlt ihr diese Fähigkeit. Der Autor hebt den Zweck der Vernunft als korrekte Nutzung der Erscheinungen hervor und betont, dass die Vernunft selbst eine Struktur ist, die aus bestimmten Erscheinungen besteht. Der Text untersucht auch die Bedeutung des guten Verstandes, des Mangels an Verstand und die Wichtigkeit, die Erscheinungen zu überprüfen. Der Text schließt mit dem Hinweis, dass die Beherrschung jeder Kunst umfangreiche Vorbereitungen, Anstrengungen und Studien erfordert.

> Die Bedeutung einer sorgfältigen Betrachtung und Prüfung in der Philosophie

Jede Kunst und jedes Vermögen betrachtet bestimmte Dinge besonders. Wenn sie von der gleichen Art ist wie die Objekte, die sie betrachtet, muss sie auch sich selbst betrachten. Wenn sie aber von einer anderen Art ist, kann sie sich nicht selbst betrachten. Zum Beispiel wird die Kunst des Schuhmachers auf Fellen angewendet,

KAPITEL 20 — Über die Vernunft, wie sie über sich selbst nachdenkt

aber sie ist völlig verschieden vom Material der Felle. Daher kann sie nicht über sich selbst nachdenken. In ähnlicher Weise wird die Kunst des Grammatikers mit artikulierter Sprache verwendet; wird die Kunst selbst zu artikulierter Sprache? Nein, das wird sie nicht. Aus diesem Grund kann sie nicht über sich selbst nachdenken.

Nun zur Vernunft. Wozu ist sie von der Natur gegeben worden? Für den richtigen Gebrauch der Erscheinungen. Was ist die Vernunft selbst? Ein System von bestimmten Erscheinungen. Sie hat also von Natur aus die Fähigkeit, sich selbst zu betrachten. Wiederum gesunder Menschenverstand. Was ist es, das wir betrachten sollen? Das Gute und das Böse und das, was keines von beiden ist. Was ist der gesunde Menschenverstand selbst? Das Gute. Und der Mangel an Sinn, was ist er? Das Böse. Siehst du also, dass der gesunde Sinn notwendigerweise sowohl sich selbst als auch das Gegenteil betrachtet? Aus diesem Grund ist es die erste und wichtigste Aufgabe eines Philosophen, die Erscheinungen zu untersuchen, sie zu unterscheiden und keine ohne Prüfung zu akzeptieren.

Sogar in der Währungsfrage, die uns in gewisser Weise zu interessieren scheint, haben wir eine Kunst erfunden, und es gibt viele Methoden, die der Prüfer anwendet, um den Wert des Geldes zu prüfen - Sehen, Tasten, Riechen und schließlich Hören. Der Prüfer wirft das Geld und horcht auf das Geräusch, das es macht. Er gibt sich nicht mit einem einzigen Klang zufrieden, sondern wird durch sorgfältige Aufmerksamkeit zum Musiker. Ähnlich verhält es sich, wenn wir glauben, dass es einen bedeutenden Unterschied zwischen einem Irrtum und einem Nichtirrtum gibt: Wir verwenden große Aufmerksamkeit darauf, die Dinge zu entdecken, die uns täuschen können. Aber wenn es um unser armseliges Herrschaftsvermögen, um Gähnen und Schlafen geht, nehmen wir jede Erscheinung achtlos hin, weil wir den Schaden nicht bemerken.

Wenn Sie also wissen wollen, wie gleichgültig Sie gegenüber Gut und Böse sind und wie aktiv Sie sich um gleichgültige Dinge kümmern, dann beobachten Sie, wie Sie sich fühlen, wenn man Ihnen das Augenlicht nimmt und Sie getäuscht werden. Du wirst erkennen, dass du weit davon entfernt bist, über Gut und Böse so zu denken, wie du es solltest. "Aber das ist eine Sache, die viel

KAPITEL 20 — Über die Vernunft, wie sie über sich selbst nachdenkt

Vorbereitung, Arbeit und Studium erfordert." Erwarten Sie denn, dass Sie sich die größten Künste mit wenig Aufwand aneignen können? Doch die wichtigsten Lehren der Philosophen sind kurz und bündig. Wenn ihr es wissen wollt, lest die Schriften von Zeno und ihr werdet es sehen. Es bedarf nur weniger Worte, um zu sagen, dass das Ziel des Menschen darin besteht, den Göttern zu folgen, und dass das Wesen des Guten im richtigen Gebrauch der Erscheinungen liegt. Wenn man aber fragt: "Was ist 'Gott', was ist 'Erscheinung', was ist 'Partikularität' und was ist 'universelle Natur'?", dann sind in der Tat viele Worte nötig. Wenn Epikur käme und sagte, dass das Gute im Körper sein muss, dann wären auch in diesem Fall viele Worte nötig. Man müsste uns lehren, was das leitende Prinzip in uns ist, was grundlegend und wesentlich ist. So wie es unwahrscheinlich ist, dass das Gute einer Schnecke in ihrem Haus ist, ist es wahrscheinlich, dass das Gute eines Menschen im Körper ist? Aber du, Epikur, besitzt etwas Besseres als das. Was ist in dir, dass du überlegst, alles untersuchst und dir ein Urteil über den Körper selbst bildest, dass er der wichtigste Teil ist? Und warum zündest du deine Lampe an und arbeitest für uns und schreibst so viele Bücher? Ist es, damit wir nicht in Unwissenheit über die Wahrheit bleiben, darüber, wer wir sind und was wir für dich sind? Die Diskussion erfordert also viele Worte.

Von der Lektion...

Überprüfen und hinterfragen Sie Ihre Überzeugungen und Wahrnehmungen, um die Natur des Guten, des Bösen und der Welt um Sie herum genau zu verstehen.

Zur Aktion!

(1) Prüfen Sie die Erscheinungen und unterscheiden Sie sie, bevor Sie sie akzeptieren.
(2) Achten Sie sehr darauf, Dinge zu entdecken, die täuschen können.
(3) Überlegen Sie sorgfältig, was gut und böse ist und wie Sie dazu stehen.
(4) Üben Sie sich darin, auf den Schaden zu achten, der durch einen unvorsichtigen Umgang mit unseren Gedanken und Handlungen entstehen kann.

(5) Bereiten Sie sich vor, arbeiten Sie und studieren Sie, um die größte Kunst zu erwerben.

(6) Lies die Schriften Zenos, um die Hauptlehre der Philosophen zu verstehen.

(7) Versuchen Sie, die Begriffe "Gott", "Erscheinung", "Partikularität" und "universelle Natur" zu verstehen.

(8) Verstehen Sie das leitende Prinzip in sich selbst und was die Urteile über den Körper prägt.

(9) Überlegen Sie und prüfen Sie alles, um die Wahrheit darüber zu erkennen, wer Sie sind.

KAPITEL 21

— Gegen diejenigen, die bewundert werden wollen

Auf der Suche nach einem erfüllten und zufriedenen Leben muss man erkennen, wie wichtig es ist, seinen rechtmäßigen Platz in der Gesellschaft zu behalten. Es gibt keinen Grund, sich nach dem zu sehnen, was jenseits des eigenen Platzes liegt. Konzentrieren Sie sich stattdessen darauf, Ihre Wünsche und Handlungen mit der Natur in Einklang zu bringen, natürliche Bewegungen zu nutzen und zielgerichtete Entscheidungen zu treffen. Es ist unnötig, sich zu brüsten oder die Bewunderung anderer zu suchen, vor allem, wenn sie als verrückt gelten. Gehen Sie bescheiden und rational an die Sache heran, und lassen Sie das Bedürfnis nach äußerer Bestätigung los.

Leben im Rahmen der eigenen Möglichkeiten: Die Zufriedenheit im Leben annehmen

Wenn ein Mensch seinen rechtmäßigen Platz im Leben behauptet, sehnt er sich nicht nach Dingen, die darüber hinausgehen. Mensch, was erhoffst du dir? "Ich bin zufrieden, wenn ich in Übereinstimmung mit der Natur begehre und vermeide, wenn ich mich auf ein Objekt zubewege und mich von ihm entferne, wie es meiner natürlichen Neigung entspricht, und wenn ich mit Absicht und Absicht handle und meine Zustimmung gebe." Warum stolzieren Sie dann herum, als ob Sie etwas Bemerkenswertes erreicht

KAPITEL 21 — Gegen diejenigen, die bewundert werden wollen

hätten? "Ich habe mir immer gewünscht, dass diejenigen, die mir begegnen, mich bewundern, und diejenigen, die mir folgen, ausrufen: 'Oh, der große Philosoph!'" Aber wer sind diese Menschen, die Sie bewundern wollen? Sind es nicht gerade diejenigen, die Sie oft als verrückt bezeichnen? Willst du also wirklich von Verrückten bewundert werden?

Von der Lektion...

Behalte deinen rechtmäßigen Platz in der Gesellschaft, finde Zufriedenheit in dir selbst und verzichte darauf, Bewunderung von denen zu suchen, die töricht oder verrückt sind.

Zur Aktion!

(1) Konzentrieren Sie sich darauf, Ihren Platz im Leben einzunehmen, anstatt sich mit Wünschen zu beschäftigen, die darüber hinausgehen.
(2) Richten Sie Ihre Wünsche und Handlungen nach dem aus, was im Einklang mit der Natur ist.
(3) Akzeptieren Sie Ihre natürlichen Neigungen und Instinkte in Bezug auf Objekte und Situationen und nehmen Sie sie an.
(4) Verfolgen Sie klare Ziele, Absichten und Überzeugungen und geben Sie Ihre volle Zustimmung dazu.
(5) Vermeiden Sie die Tendenz, sich vor anderen aufzuspielen oder sich überlegen zu geben.
(6) Suchen Sie keine Bewunderung bei Menschen, die als unvernünftig oder verrückt gelten.
(7) Überdenken Sie den Wert des Strebens nach Bewunderung insgesamt und konzentrieren Sie sich stattdessen auf die Selbstverbesserung.

KAPITEL 22

— Über Präkognitionen

Im Bereich der menschlichen Existenz hat das Konzept der Präkognition und seine Beziehung zu persönlichen Überzeugungen und Handlungen im Laufe der Geschichte unzählige Debatten und Streitigkeiten ausgelöst. Es ist zwar weithin anerkannt, dass Güte und Gerechtigkeit Ideale sind, die man anstreben sollte, aber die Uneinigkeit entsteht, wenn Einzelne versuchen, ihre Überzeugungen auf bestimmte Situationen anzuwenden. Dieser Konflikt zeigt sich in historischen Konflikten zwischen verschiedenen Kulturen und sogar in dem legendären Streit zwischen Agamemnon und Achilles. Solche Auseinandersetzungen werfen ein Licht auf die Bedeutung von Bildung und unterstreichen die Notwendigkeit, unser angeborenes Verständnis des Guten mit den Realitäten unserer individuellen Lebensumstände in Einklang zu bringen. Innerhalb dieses Rahmens begibt sich der wahre Philosoph auf die Suche nach dem Wesen von Gut und Böse und navigiert durch die Komplexität der menschlichen Existenz mit einem unerschütterlichen Streben nach Weisheit und Verstehen.

Der Streit um Präkognitionen und die Natur des Guten

Die Vorerkenntnis ist allen Menschen gemeinsam, und die Vorerkenntnis steht nicht im Widerspruch zur Vorerkenntnis. Denn wer von uns nimmt nicht an, dass das Gute nützlich und förderlich ist, und dass wir ihm unter allen Umständen folgen und es verfolgen sollten? Und wer von uns nimmt nicht an, dass die Gerechtigkeit

KAPITEL 22 — Über Präkognitionen

schön und angemessen ist? Wann also entsteht der Widerspruch? Er entsteht in der Anpassung der Vorerkenntnisse an den jeweiligen Fall. Wenn ein Mensch sagt: "Er hat gut gehandelt, er ist ein tapferer Mann", und ein anderer sagt: "Nein, er hat töricht gehandelt", dann entsteht Streit unter den Menschen. Das ist der Streit zwischen den Juden und den Syrern und den Ägyptern und den Römern; nicht, ob die Heiligkeit allen Dingen vorgezogen und in allen Fällen angestrebt werden soll, sondern ob es heilig ist, Schweinefleisch zu essen oder nicht heilig. Du wirst diesen Streit auch zwischen Agamemnon und Achilles finden; denn rufe sie herbei. Was sagst du, Agamemnon? Soll man nicht tun, was recht und billig ist? "Gewiss." Nun, was sagst du, Achilles? Gibst du nicht zu, dass das, was gut ist, auch getan werden sollte? "Das tue ich ganz gewiss." Dann passe deine Vorahnungen an die vorliegende Angelegenheit an. Hier beginnt der Streit. Agamemnon sagt: "Ich sollte Chryseis nicht an ihren Vater ausliefern." Achilles sagt: "Das solltest du." Es ist sicher, dass einer der beiden die Vorerkenntnis des "Sollen" oder der "Pflicht" falsch anwendet. Außerdem sagt Agamemnon: "Wenn ich Chryseis zurückgeben soll, dann ist es angemessen, dass ich seinen Preis von einigen von euch nehme."

Achilles antwortet: "Würdest du dann die nehmen, die ich liebe?" "Ja, sie, die du liebst." "Muss ich denn der einzige Mann sein, der ohne einen Preis geht? Und muss ich der einzige Mann sein, der keinen Preis hat?" So beginnt der Streit.

Was ist also Erziehung? Erziehung bedeutet, zu lernen, wie man seine natürlichen Instinkte im Einklang mit der Natur an bestimmte Situationen anpassen kann. Es geht auch darum zu verstehen, dass wir auf einige Dinge Einfluss haben, auf andere nicht. Zu den Dingen, die wir kontrollieren können, gehören unser Wille und alle Handlungen, die von unserem Willen beeinflusst werden. Zu den Dingen, die wir nicht kontrollieren können, gehören unser Körper, unsere Körperteile, unsere Besitztümer, unsere Eltern, unsere Geschwister, unsere Kinder, unser Land und generell jeder, mit dem wir in der Gesellschaft zu tun haben.

Wo sollten wir nun das Gute finden? Woran sollten wir es ausrichten? "Sollte es auf Dinge ausgerichtet sein, die in unserer

Kontrolle liegen?" Aber ist Gesundheit nicht etwas Gutes, ebenso wie ein gesunder Körper und ein Leben zu haben? Und was ist mit Kindern, Eltern und dem eigenen Land? Wer würde dich tolerieren, wenn du das leugnest?

Wenden wir nun den Begriff des Guten auf diese Dinge an. Ist es also möglich, dass ein Mensch glücklich ist, wenn er Schaden erleidet und keine guten Dinge erhält? "Das ist nicht möglich." Und kann er sich der Gesellschaft gegenüber richtig verhalten? Er kann es nicht. Denn ich bin von Natur aus geneigt, mich um meine eigenen Interessen zu kümmern. Wenn es in meinem besten Interesse ist, Land zu haben, ist es auch in meinem besten Interesse, es meinem Nachbarn wegzunehmen. Wenn es in meinem besten Interesse ist, ein Kleidungsstück zu haben, ist es auch in meinem besten Interesse, es dem Badenden zu stehlen. Dies ist die Ursache von Kriegen, Unruhen, Diktaturen und Verschwörungen. Und wie kann ich meine Pflicht gegenüber Zeus erfüllen? Wenn ich Schaden und Unglück erleide, kümmert er sich nicht um mich, und was nützt er mir, wenn er mich in meinem jetzigen Zustand belässt? Ich fange an, ihn zu verachten. Warum also bauen wir Tempel und errichten Statuen für Zeus, aber auch für böse Geister wie Fieber? Und wie kommt es, dass Zeus als Retter und Bringer von Regen und Fruchtbarkeit gilt? Wenn wir diesen Dingen die Natur des Guten zuschreiben, ist das alles eine logische Folge.

Was sollten wir dann tun? Das ist die Frage des wahren Philosophen, der in den Wehen liegt. "Nun sehe ich weder das Gute noch das Schlechte. Bin ich nicht verrückt? Ja." Aber wenn ich das Gute irgendwo unter den Dingen einordne, die vom Willen abhängen, werden mich alle auslachen. Es wird ein grauhaariger Mann kommen, der viele goldene Ringe an seinen Fingern trägt, und er wird den Kopf schütteln und sagen: "Hör zu, mein Kind. Es ist richtig, dass du philosophierst, aber du solltest auch etwas Verstand haben: all das, was du tust, ist dumm. Du lernst den Syllogismus von den Philosophen; aber du weißt besser zu handeln als die Philosophen." Mensch, warum tadelst du mich dann, wenn ich es weiß? Was soll ich zu diesem Sklaven sagen? Wenn ich schweige, wird er platzen. Ich muss auf diese Weise sprechen: "Verzeiht mir,

KAPITEL 22 — Über Präkognitionen

wie Ihr den Liebenden verzeiht: Ich bin nicht mein eigener Herr: Ich bin verrückt."

Von der Lektion...

Passen Sie Ihre Vorstellungen an die aktuelle Situation an und lernen Sie zu unterscheiden zwischen dem, was Sie kontrollieren können, und dem, was Sie nicht kontrollieren können, um ein zufriedenstellendes und moralisch aufrechtes Leben zu führen.

Zur Aktion!

(1) Erkennen Sie, dass Präkognitionen oder Überzeugungen allen Menschen gemeinsam sind und nicht im Widerspruch zueinander stehen.
(2) Verstehen Sie, dass der Widerspruch entsteht, wenn Präkognitionen auf bestimmte Fälle angewendet werden.
(3) Erkennen Sie an, dass Streitigkeiten entstehen, wenn verschiedene Personen unterschiedliche Auslegungen dessen haben, was gut, gerecht oder angemessen ist.
(4) Erkennen Sie, dass Bildung ein Prozess ist, bei dem man lernt, die natürlichen Vorkenntnisse im Einklang mit der Natur an bestimmte Situationen anzupassen.
(5) Verstehen Sie, dass einige Dinge in unserer Hand liegen (Wille und Handlungen), andere hingegen nicht (Körper, Besitz, Familie usw.).
(6) Setzen Sie den Begriff "gut" auf Dinge, die wir selbst kontrollieren können, wie Gesundheit, Beziehungen und persönliche Interessen.
(7) Erkennen Sie, dass Schaden zu erleiden, ohne etwas Gutes zu bekommen, und nicht in der Lage zu sein, sich der Gesellschaft gegenüber korrekt zu verhalten, das Glück verhindert.
(8) Achten Sie auf Eigeninteressen und die möglichen negativen Folgen, die sie für andere und die Gesellschaft insgesamt haben können.
(9) Hinterfragen Sie die Rolle der Götter und stellen Sie die Vorstellung in Frage, dass das Gute in externen Entitäten liegt.
(10) Denken Sie über die Untersuchung des wahren Philosophen nach, der in Arbeit ist und versucht, die Natur von Gut und Böse zu verstehen.

(11) Erwägen Sie, den Begriff des Guten zu den Dingen zu zählen, die vom Willen abhängen, trotz der möglichen Kritik durch andere.

KAPITEL 23

— Gegen Epikur

In diesem Kapitel erforscht der Philosoph Epikur das Konzept unserer angeborenen sozialen Natur und deren Auswirkungen auf unsere Beziehungen und Verantwortlichkeiten. Indem er Fragen über die Natur des Guten, unsere Bindung an Kinder und die Bedeutung von politischem Engagement aufwirft, stellt Epikur konventionelle Weisheiten in Frage und bietet eine Perspektive, die manchen kontrovers erscheinen mag. Indem er sich mit der Komplexität menschlicher Beziehungen und gesellschaftlicher Erwartungen auseinandersetzt, fordern uns seine Ideen auf, über die grundlegenden Prinzipien nachzudenken, die unsere Entscheidungen und Beziehungen bestimmen.

Die Bedeutung von natürlicher Zuneigung und Elternschaft

Sogar Epikur erkennt an, dass wir von Natur aus soziale Wesen sind, aber sobald er unser Gut ausschließlich in materiellem Besitz sieht, kann er keine weiteren Erkenntnisse mehr bieten. Im Gegenteil, er argumentiert nachdrücklich, dass wir nichts bewundern oder akzeptieren sollten, was nicht mit dem Wesen des Guten verbunden ist, und er hat Recht mit dieser Behauptung. Wie kann es uns also an natürlicher Zuneigung zu unseren Kindern fehlen? Warum würden Sie dem weisen Mann raten, keine Kinder aufzuziehen? Warum befürchten Sie, dass er dadurch in Schwierigkeiten geraten könnte? Hat er denn Ärger wegen einer Maus, die in seinem Haus gezüchtet wird? Was kümmert ihn das

KAPITEL 23 — Gegen Epikur

Wehklagen der kleinen Maus? Aber Epikur weiß, dass wir, sobald ein Kind geboren ist, verpflichtet sind, es zu lieben und zu versorgen. Aus diesem Grund argumentiert Epikur, dass ein vernünftiger Mensch sich nicht in politische Angelegenheiten einmischen sollte, da er die Verantwortung kennt, die mit einer solchen Beteiligung einhergeht. Denn wenn man sich anderen gegenüber so verhalten will wie gegenüber einem Fliegenschwarm, was hindert einen daran? Mit diesem Wissen ausgestattet, erklärt Epikur jedoch kühn, dass wir es vermeiden sollten, Kinder aufzuziehen. Doch ein Schaf verlässt seinen Nachwuchs nicht, und ein Wolf auch nicht. Sollte ein Mann also sein Kind aussetzen? Wie meinen Sie das? Sollen wir so töricht sein wie die Schafe? Aber auch sie lassen ihre Jungen nicht im Stich. Oder so bösartig wie die Wölfe? Aber auch Wölfe lassen ihre Jungen nicht im Stich. Wer würde also Ihren Rat beherzigen, wenn er sein Kind nach einem Sturz weinen sieht? Ich persönlich glaube, dass deine Mutter und dein Vater, selbst wenn sie von einem Orakel erfahren hätten, dass du solche Dinge sagen würdest, dich nicht verstoßen hätten.

Von der Lektion...

Nehmt die natürliche Zuneigung zu euren Kindern an und hegt sie, denn sie ist ein kostbares Band, das vom Wesen des Guten nicht zu trennen ist.

Zur Aktion!

(1) Überdenken Sie das von Epikur vertretene Konzept, unser Wohl in äußeren Objekten oder Besitztümern zu suchen.
(2) Denken Sie über die Idee nach, nichts zu bewundern oder zu akzeptieren, was von der Natur des Guten losgelöst ist.
(3) Hinterfragen Sie den Mangel an natürlicher Zuneigung zu unseren Kindern und die Auswirkungen, die dies auf unser Leben haben kann.
(4) Analysieren Sie die Gründe, warum Epikur davon abrät, Kinder zu erziehen, und die möglichen Probleme, die dies mit sich bringen kann.
(5) Beurteilen Sie die Vorstellung, dass politisches Engagement zu Schwierigkeiten führen kann, und die Konsequenzen, die man in Kauf nehmen muss, wenn man sich an solchen Aktivitäten beteiligt.

(6) Bedenken Sie die Argumente bezüglich der natürlichen Instinkte von Tieren, wie z. B. Schafen und Wölfen, die ihren Nachwuchs nicht im Stich lassen, und wie sie sich auf das menschliche Verhalten gegenüber ihren Kindern beziehen.

(7) Überlegen Sie, wie Sie auf ein Kind in Not reagieren würden und ob dies mit Epikurs Standpunkt übereinstimmt, keine Kinder zu erziehen.

(8) Denken Sie über die Handlungen Ihrer eigenen Eltern und deren wahrscheinliche Reaktion auf die von Ihnen vertretenen Überzeugungen nach, um Ihre Perspektive zu überdenken.

KAPITEL 24

— Wie wir mit den Umständen kämpfen sollten

Nehmen Sie die Herausforderungen an, die das Leben Ihnen stellt, denn in diesen Prüfungen zeigt sich der wahre Charakter. Erinnern Sie sich angesichts der Schwierigkeiten daran, dass Sie von göttlichen Kräften mit einem gewaltigen Gegner konfrontiert wurden, ähnlich wie ein Ringer, der von einem harten jungen Gegner geprüft wird. Anstatt wegzulaufen, sollten Sie diese Gelegenheit nutzen, um ein olympischer Eroberer zu werden, denn Sie müssen verstehen, dass das Erreichen von Größe immense Anstrengungen und Ausdauer erfordert. Begeben wir uns auf eine Reise durch die aufschlussreichen Worte von Diogenes, einem Pfadfinder, der uns eine andere Perspektive auf die Schwierigkeiten des Lebens bietet und uns an die Freiheit und Ruhe erinnert, die wir finden können, wenn wir unsere Ängste loslassen und den gegenwärtigen Augenblick annehmen. Folgen wir also seiner Weisheit und stellen wir uns mutig allen Widrigkeiten, die sich uns in den Weg stellen.

Herausforderungen annehmen und furchtlos leben

Die Umstände offenbaren den wahren Charakter des Menschen. Wenn Sie also mit einer Schwierigkeit konfrontiert werden, denken Sie daran, dass Gott Ihnen, ähnlich wie ein Wrestling-Trainer, einen harten Gegner zugewiesen hat. "Aus welchem Grund?", werden Sie sich fragen. Nun, damit Sie ein olympischer Sieger werden können, aber diese Leistung kommt nicht ohne Anstrengung. Meiner Meinung nach sind Sie mit einer Schwierigkeit konfrontiert worden, die sehr vorteilhaft ist, wenn Sie sie so angehen, wie ein Sportler einen schwierigen Gegner behandeln würde. Wir entsenden derzeit einen Späher nach Rom, aber niemand schickt einen feigen Späher, der bei dem bloßen Geräusch oder Anblick von irgendetwas voller Angst zurückkehrt und meldet, dass der Feind in der Nähe ist. Wenn Sie also zu uns kämen und sagten: "Die Lage in Rom ist schrecklich, der Tod ist schrecklich, die Verbannung ist schrecklich, die falschen Anschuldigungen sind schrecklich, die Armut ist schrecklich; meine Freunde, flieht, denn der Feind ist nahe", würden wir antworten: "Geht und sagt eure eigene Zukunft voraus; unser einziger Fehler war, einen solchen Späher zu schicken."

Diogenes, der vor Ihnen als Kundschafter ausgesandt wurde, hat uns einen anderen Bericht gegeben. Er glaubt, dass der Tod kein Übel ist, weil er nicht entehrend ist. Er behauptet auch, dass Ruhm nur das Geschwätz von Verrückten ist. Was hat dieser Spion über Schmerz, Vergnügen und Armut gesagt? Er ist der Meinung, dass es besser ist, nackt zu sein, als ein schickes Gewand zu tragen, und dass das weichste Bett der nackte Boden ist. Als Beweis für seine Behauptungen führt Diogenes seinen eigenen Mut, seine Ruhe, seine Freiheit und das gesunde und fitte Aussehen seines Körpers an. "Es gibt keinen Feind", erklärt er, "alles ist friedlich". Wie kann das sein, Diogenes? "Schau", antwortet er, "ob ich geschlagen oder verwundet worden bin oder ob ich jemals vor jemandem geflohen bin." Das ist es, was ein Späher sein sollte. Aber du kommst zu uns und gibst uns widersprüchliche Informationen. Willst du nicht zurückgehen und die Dinge klarer sehen, wenn du die Angst losgelassen hast?

Was sollte ich dann tun? Wie verhalte ich mich richtig, wenn ich ein Schiff verlasse? Sollte ich die Kontrolle über das Steuerruder oder die Ruder behalten? Was soll ich mitnehmen? Ich sollte nur das mitnehmen, was mir gehört, zum Beispiel meine eigene Flasche und meine Brieftasche. Wenn ich mich auf das konzentriere, was mir rechtmäßig gehört, werde ich niemals Anspruch auf Dinge erheben,

KAPITEL 24 — Wie wir mit den Umständen kämpfen sollten

die anderen gehören. Der Kaiser befiehlt: "Entferne deinen Leichensklaven." Seht, ich trage jetzt den Angustiksklaven. "Zieh auch diesen aus." Jetzt habe ich nur noch meine Toga. "Zieh deine Toga aus." Nun stehe ich hier nackt. "Doch du erweckst noch immer Neid in mir." Wenn das so ist, dann nimm meinen ganzen verarmten Körper. Wenn ich mich auf Befehl eines anderen freiwillig meines Körpers entledigen kann, gibt es dann noch einen Grund, ihn zu fürchten?

Ein bestimmter Mensch weigert sich jedoch, seinen Nachlass an mich weiterzugeben. Und was nun? Hatte ich vergessen, dass nichts von diesen Dingen mir gehörte? Wie können wir sie dann als mein Eigentum betrachten? Genau wie das Bett in einem Gasthaus. Wenn der Gastwirt Ihnen nach seinem Tod die Betten überlässt, ist das in Ordnung, aber wenn er sie jemand anderem überlässt, bekommt er sie, und Sie müssen sich ein anderes Bett suchen. Wenn du keins findest, schlafe freiwillig auf dem Boden und schnarche, und denke daran, dass Tragödien den Reichen, den Königen und den Tyrannen vorbehalten sind. Ein armer Mann nimmt jedoch nicht an der Tragödie teil, außer als Mitglied des Chors. Könige beginnen tatsächlich mit Wohlstand: "schmücken die Paläste mit Girlanden", aber im dritten oder vierten Akt schreien sie: "O Cithaeron, warum hast du mich angenommen?" Sklave, wo sind die Kronen, wo ist das Diadem? Die Wachen können dir nicht helfen. Wenn Sie sich also einem dieser Menschen nähern, denken Sie daran, dass Sie sich einem Tragödianten nähern, nicht dem Schauspieler, sondern Ödipus selbst. Aber du magst einwenden: "Ein solcher Mensch ist glücklich, weil er immer von vielen Menschen umgeben ist." Und auch ich schließe mich der Menge an und gehe unter vielen. Abschließend: Denkt daran, dass die Tür offen ist; seid nicht ängstlicher als kleine Kinder. Aber wie sie sagen, wenn ihnen etwas nicht gefällt: "Ich spiele nicht mehr", so solltet auch ihr, wenn solche Dinge auftauchen, sagen: "Ich mache nicht mehr mit", und gehen. Wenn ihr aber bleiben wollt, dann beklagt euch nicht.

KAPITEL 24 — Wie wir mit den Umständen kämpfen sollten

> **Von der Lektion...**
>
> Nehmen Sie Schwierigkeiten in Kauf, stellen Sie sich mutig der Angst und denken Sie daran, dass wahres Glück von innen kommt, nicht von äußeren Besitztümern oder der Meinung anderer.

Zur Aktion!

(1) Wenn Sie mit Schwierigkeiten konfrontiert werden, denken Sie daran, dass sie eine Chance für Wachstum und Selbstverbesserung sind, so wie ein Trainer einen Ringer mit einem schwierigen Gegner zusammenbringt.

(2) Nehmen Sie herausfordernde Umstände an und nutzen Sie sie, wie ein Sportler einen harten Gegner behandelt.

(3) Seien Sie kein feiger Pfadfinder, der übertreibt und Angst verbreitet, sondern gehen Sie mutig und widerstandsfähig an Situationen heran.

(4) Konzentrieren Sie sich nicht auf das Negative und verbreiten Sie keine Angst, sondern geben Sie objektive und genaue Informationen.

(5) Lassen Sie sich von Diogenes inspirieren, der Tod, Ruhm, Schmerz, Vergnügen und Armut anders sah. Machen Sie sich eine Denkweise zu eigen, bei der diese Dinge weniger Macht über Sie haben.

(6) Konzentrieren Sie sich auf das, was Ihnen wirklich gehört, und erheben Sie keinen Anspruch auf das, was anderen gehört. Lassen Sie materielle Besitztümer oder äußere Anerkennung los.

(7) Überwinden Sie die Angst vor dem Verlust von Status oder Besitz, indem Sie deren Vergänglichkeit erkennen und sich bewusst machen, wie unbedeutend der Neid ist.

(8) Hinterfragen Sie die Vorstellung von Eigentum und verstehen Sie, dass Dinge vorübergehend sind und ersetzt werden können.

(9) Mächtigen oder Autoritätspersonen mit dem Verständnis begegnen, dass sie nur Schauspieler im großen Plan des Lebens sind, wie Tragödianten, und nicht gefürchtet werden müssen.

(10) Vergleichen Sie sich nicht mit anderen und suchen Sie Ihr Glück nicht in materiellem Besitz oder Popularität, sondern finden Sie Zufriedenheit in sich selbst und in Ihrem eigenen Handeln.

(11) Erkennen Sie, wenn eine Situation oder ein Umfeld nicht mehr Ihrem Wohlbefinden dient, und haben Sie den Mut, sich davon zu lösen.

(12) Nehmen Sie eine kindliche Einfachheit und Ehrlichkeit an, indem Sie Dinge ablehnen, die keine Freude oder Erfüllung bringen.

(13) Übernehmen Sie die persönliche Verantwortung für Ihre Entscheidungen und Handlungen und vermeiden Sie es, sich zu beschweren oder andere für Ihre Situation verantwortlich zu machen.

KAPITEL 25

— Am gleichen

Warum sind wir in einer Welt, in der die Macht in unserem eigenen Willen liegt und in der wir von den Handlungen anderer unberührt bleiben, immer noch beunruhigt und ängstlich? Das sind die drängenden Fragen, die der Autor aufwirft, indem er unsere Tendenz hinterfragt, das zu begehren, was uns nicht zusteht, und den Blick für das zu verlieren, was wirklich wichtig ist. Warum suchen wir, obwohl Zeus, der göttliche Lenker, uns bereits ausdrückliche Anweisungen gegeben hat, immer noch nach weiterer Führung? Diese zum Nachdenken anregende Passage fordert uns auf, unsere Handlungen und Entscheidungen zu überprüfen, und erinnert uns daran, dass wahre Erfüllung daraus entsteht, dass wir uns an die Grundsätze halten, die uns von einer höheren Autorität verliehen wurden.

> Durch Akzeptanz und Selbstbeherrschung zu Frieden und Freiheit finden

Wenn diese Dinge wahr sind und wenn wir nicht töricht und heuchlerisch sind, wenn wir behaupten, dass der Wille die Quelle des Guten und des Bösen für die Menschheit ist und dass nichts anderes für uns zählt, warum sind wir dann noch beunruhigt? Warum haben wir immer noch Angst? Die Dinge, die uns beschäftigt haben, liegen außerhalb unserer Kontrolle, und wir kümmern uns nicht um die Dinge, die in der Kontrolle der anderen liegen. Welche Art von Problemen haben wir noch?

KAPITEL 25 — Am gleichen

"Aber geben Sie mir eine Wegbeschreibung." Warum sollte ich dir den Weg zeigen? Hat nicht Zeus dir den Weg gewiesen? Hat er dir nicht das gegeben, was dir gehört, frei von Hindernissen und Hemmnissen, und das, was dir nicht gehört, mit Hindernissen und Hemmnissen? Was für Anweisungen, was für Befehle hast du denn mitgebracht, als du von ihm kamst? Bewahre mit allen Mitteln, was dir gehört; begehre nicht, was anderen gehört. Treue ist dein eigen, tugendhafte Scham ist dein eigen; wer kann dir diese Dinge nehmen? Wer außer dir wird dich daran hindern, sie zu gebrauchen? Aber wie handelst du? Wenn du das suchst, was dir nicht gehört, verlierst du das, was dir gehört. Wenn du solche Aufforderungen und Befehle von Zeus hast, was für welche verlangst du dann noch von mir? Bin ich mächtiger als er, bin ich mehr des Vertrauens würdig? Aber wenn du diese beachtest, willst du dann noch etwas anderes? "Nun, aber er hat diese Befehle nicht gegeben", wirst du sagen. Bringe deine Vorahnungen vor, bringe die Beweise der Philosophen vor, bringe das vor, was du oft gehört hast, und bringe das vor, was du selbst gesagt hast, bringe das vor, was du gelesen hast, bringe das vor, worüber du nachgedacht hast (und du wirst dann sehen, dass alle diese Dinge von Gott sind). Wie lange also ist es angebracht, diese Gebote Gottes zu befolgen und das Spiel nicht zu unterbrechen? So lange, wie das Spiel mit Anstand fortgesetzt wird. Bei den Saturnalien wird ein König durch das Los gewählt, denn es ist Brauch, dieses Spiel zu spielen. Der König befiehlt: "Trinkst du", "Mischst du den Wein", "Singst du", "Gehst du", "Kommst du". Ich gehorche, damit das Spiel durch mich unterbrochen werden kann. Aber wenn er sagt: "Denkst du, dass du in einer bösen Lage bist", antworte ich: "Ich denke nicht so", und wer zwingt mich, so zu denken? Außerdem haben wir vereinbart, Agamemnon und Achilles zu spielen. Derjenige, der Agamemnon spielen soll, sagt zu mir: "Geh zu Achilles und entreiße ihm Briseis." Ich gehe. Er sagt: "Komm", und ich komme.

So, wie wir mit hypothetischen Argumenten umgehen, sollten wir uns auch im Leben verhalten. Nehmen wir an, es ist Nacht. Ich nehme an, dass es tatsächlich Nacht ist. Ist es dann Tag? Nein, denn ich habe bereits angenommen, dass es Nacht ist. Nehmen wir an, Sie glauben, dass es Nacht ist. Ich nehme an, das tust du. Aber glauben Sie auch, dass es Nacht ist? Das widerspricht der ursprünglichen Hypothese. Nehmen wir also an, Sie hätten Pech gehabt. Gut, nehmen wir das mal an. Macht Sie das unglücklich? Ja. Nun, haben Sie einen ungünstigen Dämon, der Sie belästigt? Ja. Der Gedanke, dass Sie unglücklich sind, widerspricht jedoch der ursprünglichen Annahme, und jemand anderes verbietet mir, so zu denken.

Wie lange müssen wir dann solchen Befehlen gehorchen? Wir gehorchen ihnen, solange sie nützlich sind und solange ich mich an das halte, was richtig und konsequent ist. Es gibt jedoch einige Menschen, die verbittert sind und schlechte Laune haben. Sie sagen: "Ich kann nicht mit diesem Mann zusammensitzen und ihm zuhören, wie er ständig von seinen Heldentaten in Mysien erzählt: 'Ich habe dir erzählt, Bruder, wie ich den Berg bestiegen habe und dann wieder belagert wurde.'" Auf der anderen Seite gibt es diejenigen, die sagen: "Ich würde lieber mein Essen genießen und ihm beim Reden zuhören, so viel er will." Vergleichen Sie also diese Standpunkte: Tun Sie einfach nichts, wenn Sie sich niedergeschlagen fühlen, oder als ob Sie leiden, oder als ob Sie im Elend sind, denn niemand zwingt Sie, sich so zu fühlen. Ist Rauch im Raum? Wenn der Rauch erträglich ist, bleibe ich; wenn er zu stark ist, gehe ich. Denken Sie immer daran und halten Sie sich daran fest: Die Tür ist offen. Nun könnten Sie zu mir sagen: "Lebe nicht in Nicopolis." Ich werde dort nicht leben. "Nicht in Athen." Ich werde nicht in Athen leben. "Oder in Rom." Ich werde nicht in Rom leben. "Lebe in Gyarus." Gut, ich werde in Gyarus leben, aber es scheint, dass das Leben dort sehr unangenehm sein würde. Also werde ich an einen Ort gehen, an dem mich niemand daran hindern kann zu leben, denn dieser Ort steht allen offen. Und wenn es um den letzten Besitz, den armen Körper, geht, hat niemand darüber hinaus Macht über mich. Deshalb sagte Demetrius zu Nero: "Du bedrohst mich mit dem Tod, aber die Natur bedroht dich". Wenn ich auf meinen armen Körper fixiert bin, habe ich mich selbst zu einem Sklaven gemacht. Wenn ich mich auf meinen mageren Besitz fixiere, habe ich mich ebenfalls zum Sklaven gemacht. Weil ich sofort offenbare, was mich gefangen nehmen kann, genau wie eine Schlange, die ihren Kopf einzieht, sage ich dir,

KAPITEL 25 — Am gleichen

dass du den Teil treffen sollst, den sie bewacht. Und sei dir sicher, dass der Teil, den du bewachen willst, auch der Teil ist, den dein Meister angreifen wird. Wenn du das bedenkst, wem wirst du dann noch schmeicheln oder dich fürchten?

Aber ich würde gerne dort sitzen, wo die Senatoren sitzen. Sehen Sie, dass Sie sich selbst in schwierige Situationen bringen, dass Sie sich selbst einschränken. Wie soll ich denn sonst einen guten Blick auf das Amphitheater haben? Mensch, sei nicht nur Zuschauer, dann fühlst du dich nicht eingeengt. Warum belastest du dich selbst? Oder warten Sie ein wenig, und wenn das Spektakel vorbei ist, nehmen Sie einen Platz in dem für die Senatoren reservierten Bereich und genießen Sie die Sonne. Denken Sie an die einfache Wahrheit, dass wir es sind, die uns einschränken, die uns in schwierige Situationen bringen; das heißt, unsere Meinungen schränken uns ein und bringen uns in schwierige Situationen. Denn was bedeutet es, beleidigt zu sein? Stellen Sie sich neben einen Stein und beleidigen Sie ihn, und was erreichen Sie damit? Wenn also ein Mensch wie ein Stein unempfänglich bleibt, was hat der Beleidiger davon? Aber wenn der Beleidiger die Verletzlichkeit der beleidigten Person ausnutzt, dann erreicht er etwas. "Ihn loswerden." Was meinen Sie mit "ihn"? Nimm sein Kleidungsstück und zieh es aus. "Ich habe dich beleidigt." Möge es Ihnen Glück bringen.

Das war die Praxis von Sokrates; das war der Grund, warum er immer ein einheitliches Auftreten hatte. Wir jedoch konzentrieren uns auf das Üben und Studieren von etwas anderem als dem Mittel, mit dem wir ungehinderte Freiheit erreichen können. Sie mögen einwenden: "Philosophen sprechen in Paradoxien". Aber gibt es nicht auch in anderen Bereichen Paradoxien? Und was könnte paradoxer sein, als einem Menschen absichtlich das Auge zu verletzen, damit er besser sehen kann? Wenn jemand dies zu einer Person sagen würde, die nichts über das Gebiet der Chirurgie weiß, würde sie sich dann nicht über den Sprecher lustig machen? Es sollte also nicht überraschen, dass in der Philosophie viele wahre Dinge denen, denen es an Erfahrung mangelt, paradox erscheinen können.

KAPITEL 25 — Am gleichen

> **Von der Lektion...**

Achten Sie auf das, was Ihnen rechtmäßig gehört, und behalten Sie es für sich. Begehren Sie nicht den Besitz anderer und lassen Sie sich nicht von äußeren Umständen Ihr Wohlbefinden und Ihren Seelenfrieden diktieren.

> **Zur Aktion!**

(1) Verstehen Sie, dass das Gute und das Böse im Leben eines Menschen von seinem eigenen Willen und nicht von äußeren Umständen beeinflusst wird.

(2) Erkennen Sie, dass Dinge, die außerhalb unserer Kontrolle liegen, keine Quelle der Beunruhigung oder Angst sein sollten.

(3) Denken Sie daran, dass wir von einer höheren Macht die Fähigkeit erhalten haben, Entscheidungen zu treffen, und wir sollten uns darauf konzentrieren, das zu nutzen, was in unserer Macht steht.

(4) Seid treu und tugendhaft, denn diese Eigenschaften können uns nicht genommen werden, es sei denn, wir lassen es zu.

(5) Begehren Sie nicht, was anderen gehört, und konzentrieren Sie sich stattdessen darauf, das zu behalten und zu schätzen, was uns gehört.

(6) Halten Sie sich an die Lehren und Gebote Gottes, denn sie geben Ihnen Orientierung für ein sinnvolles und erfülltes Leben.

(7) Suchen Sie nicht nach äußeren Anweisungen oder Befehlen, wenn wir bereits von einer höheren Macht geleitet werden.

(8) Vertrauen in uns selbst haben, um Entscheidungen auf der Grundlage der erhaltenen Lehren zu treffen.

(9) Lassen Sie nicht zu, dass äußere Umstände oder negative Gedanken unser Glück oder unsere Gemütsverfassung bestimmen.

(10) Denken Sie daran, dass wir die Macht haben zu wählen, wie wir Situationen wahrnehmen und darauf reagieren.

(11) Befolgen Sie Anweisungen und Befehle, solange sie vorteilhaft sind und im Einklang mit dem moralisch Richtigen stehen.

(12) Vermeiden Sie Aktivitäten oder Gespräche, die uns herunterziehen oder uns ein negatives Gefühl vermitteln.

(13) Erkennen Sie an, dass wir die Freiheit haben, zu entscheiden, wo und wie wir leben, und dass die Meinungen oder Handlungen anderer uns nicht einschränken sollten.

(14) Wir sollten es vermeiden, uns in Situationen zu begeben, in denen wir uns eingeengt oder gegängelt fühlen.

(15) Suchen Sie nicht nach Bestätigung oder Anerkennung durch andere, sondern konzentrieren Sie sich auf unser eigenes Wohlbefinden und Glück.

(16) Wir dürfen nicht zulassen, dass die Meinungen oder Handlungen anderer unser Selbstwertgefühl oder unser Selbstvertrauen beeinflussen.

(17) Denken Sie daran, dass Beleidigungen und Spott nur dann Macht über uns haben, wenn wir uns von ihnen beeinflussen lassen.

(18) Konzentrieren Sie sich auf das Streben nach Freiheit und Befreiung von den Zwängen unserer eigenen Gedanken und Meinungen.

(19) Akzeptieren Sie die paradoxe Natur philosophischer Lehren und Ideen, da sie konventionelle Überzeugungen in Frage stellen können.

(20) Versuchen Sie, die Weisheit der philosophischen Lehren zu verstehen und zu schätzen, auch wenn sie zunächst widersprüchlich oder schwer verständlich erscheinen.

KAPITEL 26

— Was ist das Gesetz des Lebens?

In seinem Streben nach Weisheit und Selbstverbesserung betonte der antike Philosoph Epiktet, wie wichtig es ist, das eigene Handeln an der natürlichen Ordnung der Dinge auszurichten. Epiktet erkannte zwar den Wert der philosophischen Theorie an, wies aber auch auf die Herausforderungen hin, die sich bei der Anwendung dieser Grundsätze auf die Komplexität des Alltagslebens ergeben. Er argumentierte, dass wahres Verstehen damit beginnt, dass man die Grenzen des eigenen Denkvermögens erkennt und ein starkes und scharfsinniges inneres Vermögen kultiviert. Diese introspektive Reise, so glaubte er, bildete die Grundlage der Philosophie und diente als Leitfaden für die Navigation durch die Feinheiten der Existenz.

Die Bedeutung des Verständnisses und der Anwendung von Philosophie

Als jemand hypothetische Argumente las, sagte Epiktet: "Auch dies ist ein hypothetisches Gesetz, dass wir annehmen müssen, was aus der Hypothese folgt. Aber viel wichtiger als dieses Gesetz ist das Gesetz des Lebens, dass wir der Natur gemäß handeln müssen. Denn wenn wir in jeder Sache und jedem Umstand das Natürliche beobachten wollen, so ist es klar, dass wir uns in allem zum Ziel setzen müssen, dass das Folgerichtige uns nicht entgeht und dass wir das Widersprüchliche nicht zulassen."

"Die Philosophen üben uns also zuerst in der Theorie, was leichter ist, und dann führen sie uns zu den schwierigeren Dingen; denn in der Theorie gibt es nichts, was uns davon abhält, dem zu folgen, was gelehrt wird; aber in den Dingen des Lebens gibt es viele Dinge, die uns ablenken."

Wer also sagt, er wolle mit den Dingen des wirklichen Lebens beginnen, ist lächerlich, denn es ist nicht leicht, mit den schwierigeren Dingen zu beginnen, und wir sollten diese Tatsache als Argument gegenüber den Eltern verwenden, die sich darüber ärgern, dass ihre Kinder Philosophie lernen: "Tue ich denn Unrecht, mein Vater, und weiß ich nicht, was mir angemessen und angemessen ist? Wenn dies weder gelernt noch gelehrt werden kann, warum tadelst du mich dann? Wenn es aber gelehrt werden kann, dann lehre mich; und wenn du es nicht kannst, dann erlaube mir, von denen zu lernen, die sagen, dass sie zu lehren verstehen. Denn was glaubst du? meinst du, ich falle freiwillig ins Böse und versäume das Gute? Ich hoffe, dass es nicht so sein wird. Was ist dann die Ursache für mein falsches Handeln? Unwissenheit. Wünscht Ihr denn nicht, dass ich meine Unwissenheit loswerde? Wer wurde jemals durch Zorn in der Kunst des Fliegens oder der Musik unterrichtet? Glaubst du denn, dass ich durch deinen Zorn die Kunst des Lebens lernen werde?"

"So darf nur derjenige sprechen, der eine solche Absicht gezeigt hat. Wenn aber ein Mann, der nur bei einem Bankett auftreten und zeigen will, dass er mit hypothetischen Argumenten vertraut ist, diese liest und den Philosophen zusieht, welchen anderen Zweck hat er dann, als einen Mann von senatorischem Rang zu bewundern, der neben ihm sitzt? Denn dort sind die wirklich großen Dinge, und die Reichtümer hier erscheinen dort als Kleinigkeiten. Das ist der Grund, warum es für einen Menschen schwer ist, Herr der Erscheinungen zu sein, wo die Dinge, die das Urteilsvermögen stören, groß sind."

"Ich kenne einen Menschen, der sich beklagte, als er die Knie des Epaphroditus umarmte, dass er nur noch hundertfünfzig mal zehntausend Denare habe. Was tat nun Epaphroditus? Lachte er ihn aus, wie wir Sklaven des Epaphroditus es taten? Nein, sondern er rief erstaunt aus: 'Armer Mann, wie hast du geschwiegen, wie hast du es ausgehalten?'"

Als Epiktet denjenigen, der die hypothetischen Argumente vorlas, und den Lehrer, der die Lektüre vorgeschlagen hatte, tadelte und der Lehrer den Vorleser auslachte, sagte Epiktet zu dem Lehrer: "Du lachst über dich selbst; du hast den jungen Mann nicht vorbereitet und nicht einmal geprüft, ob er diese Dinge verstehen kann. Vielleicht hast du ihn nur als Vorleser benutzt." Nun, sagte Epiktet, wenn jemandem die Fähigkeit fehlt, etwas Komplexes zu verstehen, können wir dann seinem Urteil vertrauen, wenn es darum geht, Lob oder Tadel zu verteilen? Können wir darauf vertrauen, dass sie in der Lage sind, sich eine Meinung darüber zu bilden, was gut oder schlecht ist? Und wenn eine solche Person jemanden kritisiert, ist ihr die Kritik dann wirklich wichtig? Und wenn sie jemanden loben, ist diese Person dann wirklich erfreut, wenn selbst in einem einfachen hypothetischen Syllogismus derjenige, der lobt, die Konsequenz der Hypothese nicht sehen kann?

Dies ist also der Anfang der Philosophie, die Erkenntnis des Menschen über den Zustand seiner beherrschenden Fähigkeit; denn wenn ein Mensch weiß, dass sie schwach ist, dann wird er sie nicht in Dingen von größter Schwierigkeit einsetzen. Aber heutzutage, wenn die Menschen nicht einmal einen Bissen schlucken können, kaufen sie ganze Bände und versuchen, sie zu verschlingen, und das ist der Grund, warum sie sie erbrechen oder an Verdauungsstörungen leiden: und dann kommen die Anfälle, die Defluxionen und die Fieber. Solche Menschen sollten sich überlegen, wozu sie fähig sind. In der Theorie ist es leicht, einen Unwissenden zu überzeugen; aber im wirklichen Leben bietet sich niemand an, überzeugt zu werden, und wir hassen den, der uns überzeugt hat. Aber Sokrates riet uns, nicht ein Leben zu führen, das nicht geprüft wird.

Von der Lektion...

Verstehen Sie die grundlegenden Gesetze des Lebens und räumen Sie ihnen Priorität ein, suchen Sie nach Weisheit und Selbstverbesserung durch Philosophie und lassen Sie sich nicht von oberflächlichen Äußerlichkeiten und äußerem Druck beeinflussen.

KAPITEL 26 — Was ist das Gesetz des Lebens?

Zur Aktion!

(1) Akzeptieren Sie, was aus der Hypothese in hypothetischen Argumenten folgt, aber geben Sie dem Handeln im Einklang mit der Natur den Vorrang.

(2) Achten Sie darauf, dass uns nichts Widersprüchliches entgeht.

(3) Beginnen Sie mit theoretischen Übungen in Philosophie, bevor Sie zu schwierigeren praktischen Fragen übergehen.

(4) Verwenden Sie die Schwierigkeiten des praktischen Lebens als Argument, um das Erlernen der Philosophie zu rechtfertigen.

(5) Hinterfragen Sie die Vorstellung, dass Unwissenheit die Ursache für Fehlverhalten ist, und setzen Sie sich für die Beseitigung von Unwissenheit durch Lernen ein.

(6) Verwerfen Sie die Vorstellung, dass Zorn die Kunst des Lebens lehren kann, und plädieren Sie dafür, Wissen von denen zu suchen, die behaupten, es zu kennen.

(7) Warnen Sie davor, sich von Äußerlichkeiten und materiellen Besitztümern leiten zu lassen, da sie das Urteilsvermögen trüben können.

(8) Fühlen Sie sich in die Nöte anderer ein und erkennen Sie ihre Probleme an, anstatt sie lächerlich zu machen.

(9) Kritik an Lehrern, die die Fähigkeiten ihrer Schüler nicht gründlich vorbereiten und bewerten, bevor sie ihnen Aufgaben stellen.

(10) Stellen Sie die Glaubwürdigkeit und das Urteilsvermögen von Personen in Frage, die nicht in der Lage sind, komplexe Sachverhalte zu verstehen.

(11) Hervorhebung der Bedeutung des Selbstbewusstseins und des Erkennens der Grenzen des eigenen Urteilsvermögens.

(12) Raten Sie davon ab, große Mengen an Informationen zu konsumieren, ohne die nötige Kapazität zu haben, sie zu verstehen.

(13) Ermutigen Sie die Menschen, ihr Leben kritisch zu hinterfragen, anstatt ohne Fragen zu leben.

KAPITEL 27

— Wie viele Arten von Erscheinungen es gibt und welche Hilfsmittel wir gegen sie einsetzen sollten

Im Bereich der Erscheinungen gibt es vier Möglichkeiten: Die Dinge können so erscheinen, wie sie wirklich sind, oder überhaupt nicht erscheinen; sie können existieren, aber nicht erscheinen, oder sie können nicht existieren, aber zu sein scheinen. Es liegt in der Verantwortung der Gebildeten, in all diesen Fällen genaue Urteile zu fällen. Wenn man jedoch mit Ärgernissen konfrontiert wird, ist es wichtig, eine Lösung zu finden. Ob es sich um die Sophismen bestimmter Philosophen, die trügerische Natur des Scheins oder die Macht der Gewohnheit handelt, wir müssen eine Lösung finden. Ein Mittel gegen die Gewohnheit besteht darin, die entgegengesetzte Gewohnheit zu kultivieren. Außerdem müssen wir, wenn wir mit der Angst vor dem Tod konfrontiert werden, nachdenken und Trost in seiner Unvermeidlichkeit finden. Die Störung, die dadurch entsteht, dass man sich etwas wünscht, das vielleicht nicht eintritt, muss überwunden werden, und wenn man die äußeren Umstände nicht ändern kann, muss man sich seinen eigenen Grenzen stellen. Angesichts der Einwände von Anhängern des Pyrrhos und der Akademiker habe ich keine Zeit für Argumente. Stattdessen verlasse ich mich auf die Beweise, die in dieser Angelegenheit vorliegen. Während die Komplexität der Wahrnehmung unklar bleibt, bin ich mir der Unterscheidung

KAPITEL 27 — Wie viele Arten von Erscheinungen es gibt und welche Hilfsmittel wir gegen sie einsetzen sollten

zwischen mir und anderen sicher. Unsere Handlungen, die von unseren Absichten geleitet werden, bestätigen diese Wahrheit. Deshalb ist es wichtig, dass wir an allgemein anerkannten Meinungen festhalten und sie bekräftigen.

> **Beibehaltung der allgemeinen Meinung und Verstärkung gegen Argumente**

Es gibt vier Arten von Erscheinungen: Die Dinge können so erscheinen, wie sie wirklich sind, oder sie können nicht erscheinen und uns täuschen, oder sie können existieren, aber nicht so erscheinen, wie sie sind, oder sie können nicht existieren, aber dennoch so erscheinen, wie sie sind. In all diesen Fällen ist es die Aufgabe eines gebildeten Menschen, sich ein korrektes Urteil zu bilden. Was auch immer uns stört, wir müssen eine Lösung dafür finden. Wenn uns die Sophismen von Pyrrho und den Akademikern stören, müssen wir einen Weg finden, ihnen zu begegnen. Wenn es die Überzeugungskraft des Scheins ist, die bestimmte Dinge gut erscheinen lässt, obwohl sie es nicht sind, dann müssen wir ein Mittel dagegen finden. Wenn es die Gewohnheit ist, die uns stört, dann müssen wir Hilfe suchen, um sie zu überwinden. Und welche Hilfe können wir gegen die Gewohnheit finden? Die entgegengesetzte Gewohnheit. Wenn Sie unwissende Menschen sagen hören: "Dieser arme Mensch ist tot, und seine Eltern sind von Trauer überwältigt. Sie sind zu früh und in einem fremden Land gestorben." Dieser Redeweise müssen Sie entgegentreten. Setze der einen Gewohnheit das Gegenteil entgegen; setze der Sophisterei die Vernunft und die Praxis der Vernunft entgegen; und gegen den überzeugenden Schein müssen wir klares und reines Wissen parat haben. Wenn der Tod als ein Übel erscheint, müssen wir uns an diese Regel erinnern: Es ist richtig, das Böse zu meiden, und der Tod ist ein notwendiges Ding. Denn was können wir tun, und wo können wir ihm entkommen? Auch wenn wir nicht wie Sarpedon, der Sohn des Zeus, sind, der so edel reden kann, so können wir doch auf diese Weise denken. Sag mir, wo kann ich dem Tod entkommen? Zeig mir das Land und die Menschen, die der Tod nicht besucht. Zeig mir einen Zauber gegen den Tod. Wenn ich keins habe, was soll ich dann tun? Ich kann dem

KAPITEL 27 — Wie viele Arten von Erscheinungen es gibt und welche Hilfsmittel wir gegen sie einsetzen sollten

Tod nicht entkommen. Sollte ich dann nicht vor der Angst vor dem Tod fliehen, sondern stattdessen klagend und zitternd sterben? Denn die Wurzel des Kummers ist der Wunsch nach etwas, das nicht eintritt. Wenn ich also die äußeren Umstände nach meinen Wünschen ändern kann, werde ich das tun. Aber wenn ich das nicht kann, bin ich bereit, jedem, der mich daran hindert, die Augen auszustechen. Denn es liegt in der Natur des Menschen, dass er es nicht erträgt, wenn ihm das Gute vorenthalten wird, und dass er es nicht erträgt, in das Schlechte zu fallen. Und schließlich, wenn ich weder in der Lage bin, die Umstände zu ändern, noch denen zu schaden, die mich behindern, setze ich mich hin, stöhne und verfluche, wen immer ich kann - Zeus und die anderen Götter. Denn wenn sie sich nicht um mich kümmern, was sind sie dann für mich? "Ja, aber dann bist du pietätlos." Inwiefern wird es für mich schlimmer sein, als es ohnehin schon ist? Abschließend sei daran erinnert: Solange Frömmigkeit und Eigennutz nicht übereinstimmen, kann wahre Frömmigkeit in niemandem existieren. Scheinen diese Dinge nicht notwendig zu sein?

Lasst die Anhänger des Pyrrho und die Akademiker kommen und ihre Einwände vorbringen. Ich für meinen Teil habe keine Zeit für diese Streitigkeiten, noch kann ich den gemeinsamen Konsens verteidigen. Wenn ich einen Rechtsstreit hätte, selbst wenn es um ein Stück Land ginge, würde ich jemand anderen damit beauftragen, meine Interessen zu vertreten. Mit welchen Beweisen bin ich denn zufrieden? Ich gebe mich mit dem zufrieden, was in der Sache relevant ist. Wie die Wahrnehmung zustande kommt, ob durch den ganzen Körper oder einen bestimmten Teil, kann ich vielleicht nicht erklären, denn beide Meinungen verwirren mich. Ich bin mir jedoch sicher, dass Sie und ich nicht dasselbe sind. "Woher wissen Sie das?" Wenn ich vorhabe, etwas zu schlucken, führe ich es nicht zu deinem Mund, sondern zu meinem eigenen. Wenn ich Brot essen will, nehme ich nie einen Besen, sondern gehe immer zum Brot. Und ihr selbst, die ihr die Beweise der Sinne ablehnt, handelt ihr nicht ähnlich? Wenn jemand von euch beabsichtigt, ein Bad zu nehmen, geht ihr dann stattdessen in eine Mühle? Und was nun? Sollten wir uns nicht auch für die Erhaltung des Volksglaubens stark machen und

KAPITEL 27 — Wie viele Arten von Erscheinungen es gibt und welche Hilfsmittel wir gegen sie einsetzen sollten

uns gegen die Argumente, die dagegen sprechen, wappnen? Wer bestreitet, dass wir das tun sollten? Nun, es sollte von denen getan werden, die dazu fähig sind, die die Muße dazu haben. Diejenigen aber, die zittern und beunruhigt und innerlich gebrochen sind, sollten ihre Zeit mit etwas anderem verbringen.

Von der Lektion...

Schätzen Sie die Fähigkeit, fundierte Urteile zu fällen, suchen Sie nach Lösungen für Ärgernisse, fördern Sie rationales Denken, erkennen Sie die Unvermeidlichkeit des Todes an, akzeptieren Sie die sich ständig verändernden äußeren Faktoren und halten Sie sowohl Frömmigkeit als auch Eigeninteresse in Harmonie.

Zur Aktion!

(1) Bilden Sie sich in allen Fällen ein richtiges Urteil über die Erscheinungen und bilden Sie sich dazu aus.
(2) Erkennen Sie Ärgernisse wie die Sophismen von Pyrrho und den Akademikern, falsche Überredungskünste und schädliche Gewohnheiten und wenden Sie entsprechende Maßnahmen an.
(3) Suchen Sie Hilfe gegen schädliche Gewohnheiten, indem Sie gegenteilige Gewohnheiten kultivieren.
(4) Der Sophistik sollte die Vernunft und die Ausübung und Disziplin der Vernunft entgegengesetzt werden.
(5) Entwickeln Sie manifeste Vorahnungen, die von Unreinheiten befreit sind, um überzeugenden Erscheinungen zu begegnen.
(6) Erkennen und akzeptieren Sie den Tod als etwas Notwendiges, und vermeiden Sie es, ihn zu fürchten.
(7) Verstehen Sie, dass der Ursprung der Störung der Wunsch ist, dass etwas geschieht, was nicht geschieht.
(8) Ändern Sie die äußeren Umstände nach Ihren Wünschen, wenn dies möglich ist; andernfalls akzeptieren Sie die Situation oder versuchen Sie, alle Hindernisse zu beseitigen.
(9) Vermeiden Sie es, mit Klagen und Beschimpfungen zu reagieren, wenn Sie die Umstände nicht ändern können, und erkennen Sie, dass es sinnlos ist, den Göttern die Schuld zu geben.
(10) Halten Sie Frömmigkeit und Eigeninteresse in Einklang, um ein tugendhaftes Leben zu führen.

(11) Seien Sie offen für Einwände und Streitigkeiten, aber stellen Sie persönliche Interessen in den Vordergrund und vermeiden Sie es, sich in unnötige Streitereien zu verwickeln.

(12) Vertrauen Sie auf persönliche Wahrnehmungen und Sinneseindrücke und bleiben Sie gleichzeitig offen für alternative Möglichkeiten.

(13) Erkennen Sie den Unterschied zwischen sich und anderen an und vertrauen Sie Ihren Wahrnehmungen entsprechend.

(14) Bestärken Sie Ihre Überzeugungen und Meinungen gegen Argumente, die dagegen sprechen.

(15) Nutzen Sie Zeit und Energie effektiv und konzentrieren Sie sich auf persönliches Wachstum und Entwicklung, anstatt sich von Angst und Sorgen auffressen zu lassen.

KAPITEL 28

— Dass wir den Menschen nicht zürnen sollen, und was die kleinen und großen Dinge unter den Menschen sind

Dies ist eine Diskussion über die Ursachen der Zustimmung zu etwas und die Natur des Verstehens. Es ist unbestreitbar, dass wir dazu neigen, Dinge zu glauben, die wahr zu sein scheinen, während wir mit Unwahrheiten unzufrieden sind und unsere Zustimmung bei ungewissen Dingen zurückhalten. Der Beweis liegt in unserer Unfähigkeit, uns das Gegenteil von dem vorzustellen, was wahr zu sein scheint. Was geschieht aber, wenn jemand etwas zustimmt, das falsch ist? Es ist wichtig zu bedenken, dass er dies nicht wissentlich getan hat, da jede Seele ungewollt der Wahrheit beraubt wird. In diesem Kapitel erforschen wir die Begriffe Wahrheit, Falschheit, Zweckmäßigkeit und Gewinn, während wir die Handlungen von Menschen, die in die Irre geführt werden, und den Ursprung großer Taten betrachten.

Der Einfluss des Scheins auf menschliche Handlungen

Was ist der Grund für die Zustimmung zu einer Sache? Der Grund ist, dass es wahr zu sein scheint. Es ist also nicht möglich, einer Sache zuzustimmen, die nicht wahr zu sein scheint. Und warum? Weil es in der Natur des Verstandes liegt, sich dem Wahren zuzuwenden, das Falsche abzulehnen und bei Ungewissheit die Zustimmung zu verweigern. Was ist der Beweis dafür? "Stell dir vor,

KAPITEL 28 — Dass wir den Menschen nicht zürnen sollen, und was die kleinen und großen Dinge unter den Menschen sind

wenn du kannst, dass es jetzt Nacht ist." Das ist nicht möglich. "Nimm den Glauben, dass es Tag ist." Es ist nicht möglich. "Überzeuge dich selbst oder nimm dir die Überzeugung, dass die Anzahl der Sterne gerade ist." Das ist unmöglich. Wenn also jemand etwas zustimmt, das falsch ist, so sei versichert, dass er nicht die Absicht hatte, es als falsch zu bezeichnen. Denn jede Seele wird unwillkürlich der Wahrheit beraubt, wie Plato sagt, aber die Falschheit erschien ihr wahr. Nun, was haben wir in den Handlungen, was der Wahrheit oder der Falschheit ähnlich ist? Es gibt das Angemessene und das Unangemessene, das Nützliche und das Unnützliche, das für eine Person Geeignete und das Ungeeignete und alles, was dem ähnlich ist. Kann ein Mensch denken, dass etwas für ihn vorteilhaft ist und es nicht wählen? Das kann er nicht. Wie sagt Medea das?

"Es ist wahr, ich weiß, welches Übel ich tun werde, aber die Leidenschaft überwältigt den besseren Rat."

Sie glaubte, dass es vorteilhafter wäre, ihrer Leidenschaft nachzugehen und sich an ihrem Mann zu rächen, als ihre Kinder zu schützen. "Das war ihr Glaube, aber sie hat sich geirrt." Wenn Sie ihr deutlich zeigen, dass sie sich geirrt hat, wird sie nicht weitermachen. Solange Sie das aber nicht tun, bleibt ihr nichts anderes übrig, als dem zu folgen, was sie für richtig hält. Nichts anderes. Warum also ärgerst du dich über diese unglückliche Frau, die in den wichtigsten Dingen getäuscht wurde und sich in ein giftiges Wesen verwandelt hat, statt in einen Menschen? Und warum zeigen Sie nicht, wenn möglich, Mitgefühl mit denjenigen, die in ihren wichtigsten Fähigkeiten geblendet und verkrüppelt wurden, so wie wir es mit den Blinden und Lahmen tun?

Wer sich also klar daran erinnert, dass der Maßstab jeder Handlung für die Menschen ihr Aussehen ist - ob die Sache gut oder schlecht erscheint. Erscheint sie gut, sind sie frei von Schuld. Erscheint sie schlecht, so erleidet er selbst die Strafe. Es ist unmöglich, dass jemand, der getäuscht wird, dieselbe Person ist wie derjenige, der leidet. Wer sich daran erinnert, wird sich über niemanden ärgern, sich über niemanden ärgern, niemanden beschimpfen oder tadeln, niemanden hassen oder mit ihm streiten.

KAPITEL 28 — Dass wir den Menschen nicht zürnen sollen, und was die kleinen und großen Dinge unter den Menschen sind

Haben also all diese großen und schrecklichen Taten ihren Ursprung im Schein? Ja, das tun sie. Die Ilias ist nichts anderes als ein Schein und die Manipulation des Scheins. Paris glaubte, es sei für ihn von Vorteil, Menelaos' Frau zu nehmen, während Helena glaubte, es sei von Vorteil, Paris zu folgen. Was wäre geschehen, wenn Menelaos es als Gewinn angesehen hätte, eine solche Frau zu verlieren? Dann wäre nicht nur die Ilias verloren gegangen, sondern auch die Odyssee. "Hängt also so etwas Großes von einer solchen Kleinigkeit ab?" Aber was meinst du mit "so großen Dingen"? Kriege, Unruhen und die Zerstörung von vielen Menschen und Städten. Und was ist daran so großartig? "Ist es nichts?" Aber was ist so großartig am Tod vieler Rinder oder Schafe oder am Verbrennen oder Zerstören vieler Schwalben- oder Storchennester? "Sind diese Dinge ähnlich wie jene?" Sehr ähnlich. Menschliche Körper werden zerstört, genau wie die Körper von Rindern und Schafen. Die Häuser der Menschen werden verbrannt, genau wie die Nester der Störche. Was macht dies so großartig oder schrecklich? Zeige mir den Unterschied zwischen dem Haus eines Menschen und einem Storchennest, denn beides sind Behausungen. Der einzige Unterschied ist, dass die Menschen ihre Häuser mit Balken, Ziegeln und Backsteinen bauen, während die Störche ihre Häuser mit Stöcken und Lehm bauen.

Sind ein Storch und ein Mensch also gleich? Was sagen Sie dazu? Von der äußeren Erscheinung her sind sie sich sehr ähnlich. Unterscheidet sich der Mensch in keiner Weise vom Storch? Das will ich nicht sagen, aber in diesen Dingen gibt es keinen Unterschied. Was ist dann der Unterschied? Sucht und ihr werdet entdecken, dass der Unterschied in einem anderen Aspekt liegt. Überlege, ob er nicht in der Fähigkeit des Menschen liegt, seine Handlungen zu verstehen, im sozialen Umgang, in der Loyalität, der Bescheidenheit, der Standhaftigkeit und der Intelligenz. Wo also unterscheiden sich die Menschen in Bezug auf das große Gute und das große Böse? Es ist in diesem Aspekt. Wenn der Unterschied erhalten bleibt und Bescheidenheit, Loyalität und Intelligenz nicht zerstört werden, dann bleibt der Mensch selbst erhalten. Wenn jedoch eines dieser Dinge zerstört wird und überhand nimmt, dann geht auch der Mensch

KAPITEL 28 — Dass wir den Menschen nicht zürnen sollen, und was die kleinen und großen Dinge unter den Menschen sind

zugrunde. Darin liegen die großen Dinge. Du behauptest, Paris habe großen Schaden erlitten, als die Griechen Troja überfielen und verwüsteten, und als seine Brüder starben. Das ist nicht wahr, denn niemand wird durch Handlungen geschädigt, die nicht seine eigenen sind. Was damals geschah, war lediglich die Zerstörung von Storchennestern. Paris' Verderben trat ein, als er seinen Sinn für Bescheidenheit, Treue, Gastfreundschaft und Anstand verlor. Wann wurde Achilles ruiniert? War es, als Patroklos starb? Nein, sein Verderben trat ein, als er zornig wurde, als er um ein Mädchen trauerte und als er vergaß, dass er in Troja war, um zu kämpfen, nicht um Geliebte zu gewinnen. Das sind die Dinge, die den Menschen ruinieren, das ist die Belagerung, das ist die Zerstörung von Städten - wenn richtige Meinungen zerstört werden, wenn sie verdorben werden.

Wenn Frauen entführt werden, wenn Kinder gefangen genommen werden und wenn Männer getötet werden, wird das nicht als Übel angesehen? Warum also fügen Sie diesen Tatsachen Ihre Meinung hinzu? Erklären Sie mir auch das. "Das werde ich nicht tun; aber warum behaupten Sie, dass dies nicht als Übel angesehen wird?" Sprechen wir über die Regeln: Legen Sie die Beweise vor: Weil wir dies vernachlässigen, können wir die Handlungen der Menschen nicht vollständig nachvollziehen. Wenn wir Gewichte bestimmen wollen, raten wir nicht; wenn wir bestimmen wollen, ob sie gerade oder krumm sind, raten wir nicht. In allen Fällen, in denen es für uns wichtig ist, die Wahrheit über etwas zu wissen, verlassen wir uns niemals auf Vermutungen. Aber wenn es um Dinge geht, die von der Ursache für richtiges oder falsches Handeln, Glück oder Unglück, Glück oder Unglück abhängen, dann sind wir gedankenlos und leichtsinnig. Es gibt also keine Maßstäbe, keine Regeln, sondern eine Erscheinung, nach der ich sofort handle. Sollte ich dann glauben, dass ich besser bin als Achilles oder Agamemnon, die dem Schein folgten und so viel Übel erlitten? Sollte mir der Schein nicht genügen? Und welche Tragödie hat einen anderen Anfang? Der Atreus des Euripides, was ist er? Eine Erscheinung. Der Ödipus von Sophokles, was ist er? Eine Erscheinung. Die

KAPITEL 28 — Dass wir den Menschen nicht zürnen sollen, und was die kleinen und großen Dinge unter den Menschen sind

Phönix? Eine Erscheinung. Die Hippolytus? Eine Erscheinung. Für was für einen Menschen hältst du ihn, der sich nicht um diese Sache kümmert? Und wie nennt man diejenigen, die jeder Erscheinung folgen? "Man nennt sie Verrückte." Handeln wir denn überhaupt anders?

Von der Lektion...

Erkennen Sie, dass das Maß jeder Handlung auf dem äußeren Erscheinungsbild beruht, lassen Sie sich also nicht von falschen Wahrnehmungen täuschen und suchen Sie stets die Wahrheit.

Zur Aktion!

(1) Verstehen Sie, dass die Zustimmung zu einer Sache auf der Überzeugung beruht, dass sie wahr zu sein scheint.

(2) Erkennen Sie, dass es nicht möglich ist, einer Sache zuzustimmen, die falsch zu sein scheint.

(3) Verstehen Sie, dass es in der Natur des Verstandes liegt, sich dem Wahren zuzuwenden, mit dem Falschen unzufrieden zu sein und in unsicheren Situationen seine Zustimmung zu verweigern.

(4) Verstehen Sie, dass jemand, der etwas Falschem zustimmt, dies nicht absichtlich tut, sondern dass er dazu verleitet wurde, es für wahr zu halten.

(5) Verstehen Sie, dass für Handlungen dieselben Grundsätze wie für Wahrheit und Unwahrheit gelten, mit den Begriffen "passend" und "nicht passend", "gewinnbringend" und "unrentabel" sowie "geeignet" und "ungeeignet".

(6) Erkennen Sie, dass ein Mensch nicht etwas für nützlich halten kann, ohne es zu wählen.

(7) Nehmen Sie sich ein Beispiel an Medea, die sich entschloss, ihrer Leidenschaft nachzugeben und sich an ihrem Mann zu rächen, weil sie glaubte, dass dies vorteilhafter sei, als ihre Kinder zu verschonen.

(8) Verstehen Sie, dass es angemessener ist, Mitleid mit einem Menschen zu haben, der getäuscht wurde und nicht in der Lage ist, die Wahrheit zu erkennen, als wütend zu sein oder ihn zu tadeln.

(9) Denken Sie daran, dass der Maßstab für jede Handlung eines Menschen der Schein ist, ob sie gut oder schlecht erscheint. Wenn

KAPITEL 28 — Dass wir den Menschen nicht zürnen sollen, und was die kleinen und großen Dinge unter den Menschen sind

sie gut erscheint, hat sie keine Schuld; wenn sie schlecht erscheint, trägt sie selbst die Konsequenzen.

(10) Erkenne an, dass viele große und schreckliche Taten ihren Ursprung im Schein und in der Nutzung des Scheins haben.

(11) Denken Sie an das Beispiel aus der Ilias, wo Paris es für vorteilhaft hielt, Menelaos' Frau zu entführen, und Helena es für vorteilhaft hielt, ihm zu folgen. Wenn Menelaos geglaubt hätte, dass es vorteilhaft wäre, einer solchen Frau beraubt zu werden, wäre die ganze Geschichte anders verlaufen.

(12) Erkennen Sie, dass Kriege, zivile Unruhen und die Zerstörung vieler Leben und Städte von Äußerlichkeiten abhängen.

(13) Verstehen Sie, dass es keinen signifikanten Unterschied zwischen der Zerstörung menschlicher Behausungen und der Zerstörung von Nestern von Tieren wie Störchen gibt, da beide mit Behausungen verbunden sind.

(14) Erkennen Sie an, dass es zwar physische Ähnlichkeiten zwischen Menschen und Tieren gibt, der Unterschied jedoch in Verständnis, sozialer Gemeinschaft, Treue, Bescheidenheit, Standhaftigkeit und Intelligenz liegt.

(15) Erkennen Sie, dass das große Gute und Böse im Menschen durch die Erhaltung oder Zerstörung dieser Eigenschaften bestimmt wird.

(16) Überlegen Sie, wie der Ruin von Menschen wie Paris und Achilles zustande kam, als sie wichtige Tugenden wie Bescheidenheit, Treue, Gastfreundschaft und Anstand verloren.

(17) Hinterfragen Sie die Vorstellung, dass Ereignisse wie die Entführung von Frauen, die Gefangennahme von Kindern und die Tötung von Männern von Natur aus böse sind, da diese Urteile auf Meinungen und nicht auf Fakten beruhen.

(18) Betonen Sie die Notwendigkeit, kritisches Denken und Regeln (Vorerkenntnisse) anzuwenden, anstatt sich nur auf Äußerlichkeiten zu verlassen, wenn es darum geht, Handlungen zu beurteilen oder Recht und Unrecht zu bestimmen.

(19) Erkennen Sie, dass Menschen oft leichtsinnig und impulsiv handeln, wenn es um Dinge geht, die einen erheblichen Einfluss auf ihr Wohlbefinden und ihr Glück haben können.

KAPITEL 28 — Dass wir den Menschen nicht zürnen sollen, und was die kleinen und großen Dinge unter den Menschen sind

(20) Denken Sie über die Beispiele der Tragödien von Euripides und Sophokles nach, in denen das Geschehen durch den äußeren Schein bestimmt wird.

(21) Überlegen Sie, welche Folgen es haben kann, wenn Sie nicht auf Äußerlichkeiten achten, und welche negativen Folgen es haben kann, wenn Sie jedem Anschein folgen.

KAPITEL 29

— Über die Beständigkeit

Im ständigen Kampf zwischen den Mächten des Guten und des Bösen zeigt sich eine grundlegende Wahrheit: Die Ausrichtung eines Menschen wird durch die Natur seines Willens bestimmt. Aber wie kommen die äußeren Faktoren ins Spiel? Diese äußeren Faktoren, die als Material für den Willen betrachtet werden, haben die Macht, das Streben des Einzelnen nach Gut oder Böse zu beeinflussen. Der Schlüssel liegt in den Meinungen, die man über diese Materialien hat. Vernünftige Ansichten führen zu einem tugendhaften Willen, während verzerrte Überzeugungen zu Bösartigkeit führen. In diesem Bereich herrscht das Gesetz Gottes, das verkündet, dass das wahre Gute von innen kommen muss. Deshalb müssen wir, wenn wir mit den Drohungen eines Tyrannen konfrontiert werden, erkennen, dass nicht nur unser physischer Körper oder unser Besitz ins Visier genommen werden, sondern die Essenz unseres Wesens. Wir sollten uns nicht vor dem Herrn der Dinge fürchten, der sich unserer Kontrolle entzieht, denn einen solchen Herrn gibt es nicht wirklich. Unsere wahre Furcht sollte darin liegen, dass wir zulassen, dass äußere Kräfte unseren Willen beeinflussen. Sollten wir Philosophen also lehren, Könige zu verachten? Sicherlich nicht, denn es geht nie darum, Macht über das zu beanspruchen, was sie besitzen. Stattdessen müssen wir verstehen, dass die wahre Macht in der Beherrschung unserer eigenen Meinung und in der Standhaftigkeit gegenüber jedem liegt, der versucht, sie zu beherrschen. Im Gegensatz zu materiellen Gütern können

Meinungen nicht mit Gewalt erobert werden. Nur der Wille selbst besitzt die Macht zu siegen, und so gilt das Gesetz Gottes: Der Stärkere soll dem Schwächeren immer überlegen sein. Auch wenn die Prüfungen des Sokrates ungerecht erscheinen mögen, müssen wir erkennen, dass es die Stärke seiner Prinzipien war, die angesichts der Widrigkeiten triumphierte, nicht sein physisches Wesen. Während wir uns in die Tiefen dieser philosophischen Wahrheiten vertiefen, sollten wir uns die Weisheit der Weisen der Vergangenheit zu eigen machen und inmitten der Komplexität der Existenz nach Orientierung suchen.

Die Macht der Perspektive

Das Wesen des Guten ist ein bestimmter Wille, während das Wesen des Bösen eine bestimmte Art von Wille ist. Was genau sind also Äußerlichkeiten? Sie sind die Materialien, mit denen der Wille interagiert und durch die er sein eigenes Gut oder Böse erlangt. Wie erlangt er das Gute? Er tut dies, indem er diesen Materialien keinen übermäßigen Wert beimisst. Sie sehen, Meinungen über die Materialien können den Willen beeinflussen. Wenn diese Meinungen richtig sind, machen sie den Willen gut. Wenn die Meinungen jedoch verdreht und verzerrt sind, machen sie den Willen schlecht. Gott hat dieses Gesetz aufgestellt und erklärt: "Wenn du etwas Gutes willst, musst du es aus dir selbst heraus erlangen." Du magst einwenden: "Nein, ich erhalte es von einem anderen". Aber das ist nicht der Weg. Du musst es aus dir selbst erlangen. Wenn also ein Tyrann droht und meinen Namen ruft, antworte ich: "Wem drohst du?" Wenn er sagt: "Ich werde dich in Ketten legen", erwidere ich: "Du drohst mit meinen Händen und Füßen." Wenn er sagt: "Ich werde dich enthaupten", antworte ich: "Du drohst mit meinem Kopf." Wenn er mir droht, mich einzusperren, sage ich: "Du bedrohst meinen ganzen Körper, der ohnehin schon arm und gebrechlich ist." Dasselbe gilt für die Androhung der Verbannung. "Bedroht er dich denn gar nicht?" Wenn ich erkenne, dass mich nichts von diesen Dingen betrifft, dann bedroht er mich überhaupt nicht. Wenn ich jedoch eines dieser Dinge fürchte, dann bedroht er mich tatsächlich. Wen muss ich dann fürchten? Den Meister von was? Den Herrscher über die Dinge, die unter meiner Kontrolle stehen? Es gibt keinen solchen Herrn. Fürchte ich den Herrn der Dinge, die außerhalb meiner Kontrolle liegen? Und welche Bedeutung haben diese Dinge für mich?

"Lehrt ihr Philosophen uns also, Könige zu verachten?" Ich hoffe nicht. Wer von uns lehrt, Macht über Dinge zu beanspruchen, die Könige bereits besitzen? Nehmt meinen armen Körper, nehmt meinen Besitz, nehmt meinen Ruf, nehmt die, die um mich sind. Wenn ich jemandem raten würde, diese Dinge zu beanspruchen, hätte er einen berechtigten Vorwurf gegen mich. "Ja, aber ich habe auch die Absicht, eure Meinungen zu kontrollieren." Und wer hat Ihnen diese Macht gegeben? Wie können Sie die Meinung eines anderen Menschen beherrschen? "Indem ich Terror auf sie anwende", antwortet er, "werde ich sie erobern." Wisst ihr nicht, dass sich Meinungen von selbst ändern und nicht von jemand anderem bezwungen werden? Aber nichts anderes kann den Willen bezwingen als der Wille selbst. Deshalb ist das Gesetz Gottes das mächtigste und gerechteste, das besagt: "Der Stärkere soll dem Schwächeren immer überlegen sein." "Zehn sind stärker als einer." Aber zu welchem Zweck? Um jemanden einzusperren, um ihn zu töten, um ihn zu zwingen, dorthin zu gehen, wo er will, um ihm seinen Besitz zu nehmen. Die Zehn besiegen also den Einen in diesem Aspekt, in dem sie stärker sind. "Aber in welchem Aspekt sind die zehn schwächer?" Wenn der eine die richtigen Ansichten hat und die anderen nicht. "Nun, können die Zehn in dieser Angelegenheit siegen?" Wie ist das möglich? Wenn wir uns auf eine Waage stellen würden, würde dann nicht die schwerere Seite die Waage kippen?

Wie seltsam also, dass Sokrates von den Athenern so behandelt wurde. Sklave, warum sagst du Sokrates? Sprich, wie es ist: Wie seltsam, dass stärkere Männer den armen Sokrates weggetragen und ins Gefängnis geschleppt haben und dass ihm jemand Schierling verabreicht hat, wodurch sein Leben ausgelöscht wurde. Erscheinen diese Dinge seltsam? Scheinen sie ungerecht zu sein? Machen Sie Gott für diese Dinge verantwortlich? Hatte Sokrates nicht eine Entsprechung für diese Handlungen? Wo lag dann für ihn das Gute?

KAPITEL 29 — Über die Beständigkeit

Wessen Perspektive sollten wir folgen, der Ihren oder der seinen? Und was sagt Sokrates dazu? "Anytus und Meletus können mich töten, aber sie können mir nichts anhaben." Außerdem sagt er: "Wenn es Gottes Wille ist, dann soll es so sein." Zeigen Sie mir aber, dass derjenige mit niederen Grundsätzen denjenigen mit höheren Grundsätzen übertrumpft. Das werden Sie niemals beweisen können, nicht einmal annähernd, denn es ist das Gesetz der Natur und Gottes, dass der Überlegene immer über den Unterlegenen siegt. In welcher Hinsicht? In dem Aspekt, in dem es überlegen ist. Ein Körper ist stärker als ein anderer, viele sind stärker als einer, der Dieb ist stärker als der Nichtdieb. Deshalb habe ich auch meine Lampe verloren, weil der Dieb in meiner Wachsamkeit stärker war als ich. Aber der Mann hat den Preis für die Lampe bezahlt: Im Tausch gegen die Lampe wurde er zum Dieb, zu einer Person, der man nicht trauen kann und die einem wilden Tier gleicht.

Dies erschien ihm als ein gutes Geschäft. Gut, dann soll es so sein. Aber ein Mann hat mich an meinem Mantel gepackt und zerrt mich in Richtung des öffentlichen Platzes. Dann schreien andere: "Philosoph, was nützt dir dein Glaube? Schau, du wirst ins Gefängnis geschleppt, du wirst enthauptet werden." Und welche Philosophie hätte ich mir zu eigen machen können, damit ich, wenn ein stärkerer Mann meinen Mantel packt, nicht weggeschleppt werde? Dass, wenn zehn Männer mich packen und ins Gefängnis werfen, ich nicht hineingeworfen werde? Habe ich denn nichts anderes gelernt? Ich habe gelernt zu verstehen, dass alles, was geschieht, wenn es sich meiner Kontrolle entzieht, für mich nichts bedeutet. Ich könnte fragen, ob Sie davon nicht profitiert haben? Warum suchen Sie also den Vorteil in etwas anderem als dem, was Sie bereits gelernt haben, dass es vorteilhaft ist?

Im Gefängnis sitzend, sage ich: "Der Mann, der so schreit, hört nicht auf den Sinn der Worte, versteht nicht, was gesagt wird, und hat kein Interesse daran, zu wissen, was die Philosophen sagen oder tun. Lasst ihn in Ruhe."

Aber jetzt sagt er zu dem Gefangenen: "Komm aus deinem Gefängnis heraus." Wenn du mich im Gefängnis nicht mehr brauchst, werde ich herauskommen. Wenn du mich aber wieder brauchst, werde ich ins Gefängnis gehen. "Wie lange wirst du so handeln?" Solange die Vernunft verlangt, dass ich beim Körper bin. Aber wenn die Vernunft dies nicht verlangt, dann nimm den Körper weg und lebe wohl. Nur darf man das nicht rücksichtslos, schwach oder aus irgendeinem geringfügigen Grund tun. Andererseits will Gott nicht, dass man es tut, und er braucht eine solche Welt und ihre Bewohner. Aber wenn er das Signal zum Rückzug gibt, wie er es bei Sokrates tat, müssen wir dem gehorchen, der das Signal gibt, als wäre er ein General.

Sollten wir dann der Mehrheit solche Dinge sagen? Warum sollten wir das tun? Reicht es nicht, wenn man selbst überzeugt ist? Wenn Kinder kommen und in die Hände klatschen und rufen: "Heute sind die großen Saturnalien", sagen wir dann: "Die Saturnalien sind nicht groß?" Auf keinen Fall, aber wir klatschen auch in die Hände. Wenn Sie also jemanden nicht umstimmen können, betrachten Sie ihn als Kind, klatschen Sie mit ihm, oder schweigen Sie einfach, wenn Ihnen das lieber ist. Denken Sie daran: Wenn Sie mit einer schwierigen Situation konfrontiert werden, ist es an der Zeit, zu zeigen, was Sie gelernt haben. So wie ein Schüler, der das Lösen komplexer Syllogismen geübt hat, nach herausfordernden Syllogismen fragt, möchte ein Mensch in einer schwierigen Situation sein Wissen anwenden. Selbst Sportler bevorzugen herausfordernde Gegner und sagen: "Er kann mich nicht heben." "Diese Person hat eine edle Gesinnung." Aber wenn die Zeit für eine Prüfung kommt, könnte einer von Ihnen weinen und sagen: "Ich wünschte, ich hätte mehr gelernt." Mehr lernen wovon? Wenn ihr diese Dinge nicht gelernt habt, um sie in der Praxis anzuwenden, warum habt ihr sie dann gelernt? Ich glaube, jemand unter Ihnen sitzt hier, leidet wie eine Frau in den Wehen und sagt: "Oh, ich wünschte, ich hätte eine solche Schwierigkeit wie dieser Mann; oh, ich vergeude mein Leben in der Dunkelheit, während ich bei Olympia gefeiert werden könnte. Wann wird mir jemand einen solchen Wettbewerb ankündigen?" Das sollte die Denkweise von euch allen sein. Selbst unter Cäsars Gladiatoren gibt es einige, die sich bitterlich darüber beklagen, dass sie keine Gelegenheit zum Kämpfen bekommen. Sie beten zu Gott und flehen ihre

KAPITEL 29 — Über die Beständigkeit

Vorgesetzten an, gegeneinander antreten zu dürfen. Gibt es unter euch niemanden, der eine solche Einstellung hat? Ich würde mich gerne auf eine Reise begeben, um zu sehen, was mein Sportler macht und wie er sein Fach studiert. "Das Fach gefällt mir nicht", sagen sie. Nun, ist es das?

Haben Sie die Macht, jedes beliebige Fach zu wählen? Sie haben einen Körper, Eltern, Geschwister, ein Land und einen Platz in diesem Land. Und dennoch kommst du zu mir und fragst: "Ändere mein Thema." Habt ihr nicht die Fähigkeiten, mit dem Thema umzugehen, das euch gegeben wurde? "Es ist Ihre Pflicht, einen Vorschlag zu machen; es ist meine, mich gut zu verhalten." Aber das sagst du nicht. Stattdessen sagen Sie: "Schlagen Sie mir nicht dieses Thema vor, sondern jenes. Argumentieren Sie nicht mit diesem Einwand gegen mich, sondern mit jenem".

Vielleicht wird es eine Zeit geben, in der tragische Schauspieler denken, dass sie nichts weiter sind als Masken, Felle und ein langer Mantel. Ich sage, diese Dinge, mein Freund, sind dein Stoff und dein Thema. Sagen Sie etwas, damit wir wissen, ob Sie ein tragischer Schauspieler oder ein Possenreißer sind; denn alles andere haben Sie beide gemeinsam.

Wenn jemand einem tragischen Schauspieler die Felle und die Maske wegnimmt und ihn auf der Bühne als Geist präsentiert, ist der tragische Schauspieler dann verloren? Nein, solange er eine Stimme hat, bleibt er bestehen. Hier ist ein weiteres Beispiel: "Übernehmen Sie die Rolle des Gouverneurs einer Provinz." Ich nehme sie an, und sobald ich sie angenommen habe, demonstriere ich, wie sich eine sachkundige Person verhält. "Ziehen Sie Ihr schickes Gewand aus und kleiden Sie sich in Lumpen, dann stellen Sie sich in dieser Rolle vor." Habe ich nicht die Fähigkeit, gut zu sprechen? Warum trete ich dann so auf? Als ein von Gott berufener Zeuge. "Tritt vor und lege Zeugnis für mich ab, denn du bist würdig, als mein Zeuge berufen zu werden. Ist etwas außerhalb des eigenen Willens gut oder schlecht? Schade ich jemandem? Habe ich das Wohlergehen eines jeden von jemand anderem als von sich selbst abhängig gemacht?" Was für ein Zeugnis legen Sie für Gott ab? "Ich bin unglücklich, Meister und unglücklich. Keiner kümmert sich um mich, keiner gibt mir etwas. Jeder tadelt mich, jeder spricht schlecht über mich." Ist das der Beweis, den du vorlegen willst, und entehrst du den Ruf dessen, der dir so viel Ehre erwiesen und dich für würdig befunden hat, ein solches Zeugnis abzulegen?

Aber angenommen, derjenige, der die Macht hat, hat erklärt: "Ich verurteile euch als gottlos und gotteslästerlich". Was ist dann mit Ihnen geschehen? "Ich bin als gottlos und gotteslästerlich verurteilt worden?" Sonst nichts? "Nichts weiter." Aber wenn dieselbe Person über einen hypothetischen Syllogismus geurteilt und eine Erklärung abgegeben hätte: "Die Schlussfolgerung, dass, wenn es Tag ist, es hell ist, erkläre ich für falsch", was ist dann mit dem hypothetischen Syllogismus geschehen? Wer wird in diesem Fall verurteilt? Wer ist verurteilt worden? Der hypothetische Syllogismus oder der Mensch, der sich von ihm hat täuschen lassen? Weiß denn derjenige, der die Befugnis hat, eine Erklärung über dich abzugeben, was fromm oder gottlos ist? Hat er es studiert und gelernt? Wo? Von wem? Ist es denn eine Tatsache, dass ein Musiker denjenigen nicht beachtet, der erklärt, dass der tiefste Akkord in der Leier der höchste ist; auch ein Geometer nicht, wenn er erklärt, dass die Linien vom Mittelpunkt eines Kreises zum Umfang nicht gleich sind; und soll der wirklich Belehrte den Unbelehrten beachten, wenn er ein Urteil darüber fällt, was fromm und was gottlos ist, was gerecht und ungerecht ist? Oh, welch großes Unrecht die Belehrten begehen! Haben sie das hier gelernt? Wollt ihr die kleinen Streitereien über diese Dinge nicht anderen überlassen, den Faulenzern, damit sie in der Ecke sitzen und ihren armseligen Lohn erhalten oder darüber schimpfen, dass ihnen niemand etwas gibt, und wollt ihr nicht vortreten und das, was ihr gelernt habt, nutzen? Denn es sind nicht diese kleinen Argumente, die jetzt gebraucht werden; die Schriften der Stoiker sind voll davon. Was ist es denn, das gebraucht wird? Einen Menschen, der sie anwendet, einen, der durch seine Taten von seinen Worten Zeugnis ablegt. Nehmen wir an, ich fordere euch auf, diesen Charakter zu verkörpern, so dass wir in den Schulen nicht mehr die Beispiele der Alten verwenden, sondern einige eigene Beispiele haben.

Wem gehört also die Betrachtung dieser Dinge? Sie gehört dem, der Muße hat, denn der Mensch ist ein Tier, das die Kontemplation

KAPITEL 29 — Über die Beständigkeit

liebt. Es ist jedoch unschicklich, diese Dinge wie ein entlaufener Sklave zu betrachten. Stattdessen sollten wir wie in einem Theater sitzen, frei von Ablenkung, und zu einer Zeit dem tragischen Schauspieler und zu einer anderen Zeit dem Lautenspieler zuhören. Wir sollten uns nicht wie Sklaven verhalten. Wenn ein Sklave seinen Platz einnimmt, lobt er den Schauspieler und schaut sich gleichzeitig um. Wenn jemand den Namen seines Herrn ausruft, wird der Sklave sofort ängstlich und unruhig. Für Philosophen ist es beschämend, die Werke der Natur auf diese Weise zu betrachten. Denn was ist ein Herr? Der Mensch ist nicht der Herr des Menschen. Der Tod, das Leben, die Lust und der Schmerz sind die wahren Herren. Wenn sie kommen, wie im Falle von Blitz und Donner, und ich mich vor ihnen fürchte, was kann ich tun, außer meinen Herrn als entlaufenen Sklaven zu erkennen? Solange ich aber von diesen Schrecken verschont bleibe, stehe ich im Theater wie der entlaufene Sklave. Ich bade, ich trinke, ich singe, aber all das geschieht mit Angst und Unbehagen. Wenn ich mich jedoch von den Herren befreie, d.h. von den Dingen, die sie furchterregend machen, welche anderen Sorgen oder Herren habe ich dann noch? "Sollen wir diese Dinge dann allen Menschen mitteilen?" Nein, aber wir sollten uns anpassen und zu den Unwissenden sprechen und sagen: "Dieser Mann empfiehlt mir, was er für sich selbst für gut hält. Ich verzeihe ihm." So wie Sokrates den Kerkermeister begnadigte, der weinte, als Sokrates das Gift trinken wollte, und sagte: "Wie großzügig trauert er um uns." Sagte Sokrates dann zu dem Kerkermeister: "Deshalb haben wir die Frauen weggeschickt"? Nein, er sagte es zu seinen Freunden, die es hören können, und er behandelte den Kerkermeister wie ein Kind.

Von der Lektion...

Machen Sie sich die Kraft der Selbstverantwortung zu eigen, erkennen Sie an, dass äußere Umstände keine wirkliche Kontrolle über Ihren inneren Frieden und Ihr Wohlbefinden haben, und bemühen Sie sich, nach Ihren eigenen vernünftigen und tugendhaften Prinzipien zu leben.

KAPITEL 29 — Über die Beständigkeit

Zur Aktion!

(1) Erkenne, dass das Wesen des Guten ein bestimmter Wille ist, während das Wesen des Bösen eine bestimmte Art von Wille ist.

(2) Verstehe, dass Äußerlichkeiten Materialien für den Willen sind, über die der Wille, der mit ihnen vertraut ist, sein eigenes Wohl oder Übel erlangen wird.

(3) Erkennen Sie, dass die Meinungen über die Materialien bestimmen, ob das Testament gut oder schlecht ist.

(4) Erkennen Sie an, dass Gott das Gesetz aufgestellt hat, dass Sie, wenn Sie etwas Gutes wollen, es von sich selbst erhalten müssen.

(5) Fürchten Sie sich nicht vor Bedrohungen oder Einschüchterungen von außen, denn sie bedrohen Sie nicht wirklich, solange Sie nicht zulassen, dass sie Ihren Willen beeinflussen.

(6) Versuchen Sie nicht, Macht über Dinge zu erlangen, die anderen gehören, wie z. B. Eigentum, Ansehen oder andere Menschen.

(7) Erkennen Sie, dass niemand den Willen einer anderen Person besiegen kann; nur der Wille selbst kann besiegen oder besiegt werden.

(8) Akzeptieren Sie, dass das Gesetz der Natur und Gottes vorschreibt, dass der Stärkere den Schwächeren in seinem jeweiligen Bereich immer überwältigen wird.

(9) Verstehen Sie, dass Schwierigkeiten eine Gelegenheit sind, das Gelernte anzuwenden und Ihre Charakterstärke zu zeigen.

(10) Kümmern Sie sich nicht um externe Urteile oder Meinungen anderer, sondern konzentrieren Sie sich auf Ihr eigenes Wachstum und Ihre Entwicklung.

(11) Nehmen Sie die Ihnen gegebenen Lebensumstände und -bedingungen an und akzeptieren Sie sie, denn sie liefern das Material für Ihr persönliches Wachstum und Ihren Fortschritt.

(12) Denken Sie daran, dass alles, was außerhalb Ihres Willens liegt, unbedeutend ist und Sie nicht wirklich betrifft.

(13) Wenn Sie mit Herausforderungen oder Schwierigkeiten konfrontiert werden, denken Sie daran, dass dies eine Gelegenheit ist, Ihr Verständnis und Ihre Praxis der Philosophie zu demonstrieren.

(14) Kümmern Sie sich nicht darum, andere zu überzeugen, ihre Meinung zu ändern, sondern konzentrieren Sie sich auf Ihr eigenes Wachstum und Ihre Selbstverbesserung.

(15) Erkennen Sie, dass externe Urteile und Meinungen darüber, was fromm oder pietätlos ist, kein Gewicht haben, wenn sie von uninformierten oder ungebildeten Personen stammen.

(16) Lassen Sie sich nicht von den Urteilen anderer beeinflussen, sondern bleiben Sie Ihren Grundsätzen treu und wenden Sie diese auf Ihr Handeln an.

(17) Denken Sie nicht nur über philosophische Ideen nach, sondern wenden Sie sie in Ihrem täglichen Leben und Handeln an.

(18) Bleiben Sie konzentriert und ungestört bei der Betrachtung philosophischer Themen und vermeiden Sie das Verhalten eines entlaufenen Sklaven.

(19) Erkennen Sie, dass äußere Faktoren wie Tod, Leben, Freude und Schmerz keine Macht über Sie haben, es sei denn, Sie erlauben ihnen, Ihren Willen zu beeinflussen.

(20) Üben Sie sich in Widerstandsfähigkeit angesichts von Angst und Schrecken und erkennen Sie Ihre eigene innere Stärke und Autonomie.

(21) Zeigen Sie Verständnis und Mitgefühl für diejenigen, die die philosophischen Grundsätze nicht verstehen, und betrachten Sie ihre Empfehlungen mit Geduld und Akzeptanz.

(22) Teilen Sie philosophische Ideen mit denjenigen, die dafür empfänglich und fähig sind, sie zu verstehen, anstatt zu versuchen, jeden zu überzeugen.

KAPITEL 30

— Was wir in schwierigen Situationen bereithalten sollten

Im Umgang mit einflussreichen Menschen ist es wichtig, sich daran zu erinnern, dass es immer eine höhere Autorität gibt, die Ihr Handeln beobachtet. Anstatt die Zustimmung der Mächtigen zu suchen, sollten Sie sich darauf konzentrieren, diesen göttlichen Beobachter zufrieden zu stellen. Wenn Sie von dieser höheren Instanz in Frage gestellt werden, denken Sie über Ihre früheren Überzeugungen zu Themen wie Exil, Beziehungen, Tod und Scham nach. Erkennen Sie an, dass sich Ihre Sichtweise auf diese Themen nicht geändert hat. Verstehen Sie, dass äußere Faktoren, die sich Ihrer Kontrolle entziehen, keine Bedeutung oder Macht über Sie haben. Betrachten Sie das Konzept des Guten, das sich dadurch auszeichnet, dass Sie einen starken Willen haben und effektiv mit den Erscheinungen umgehen. Letztendlich besteht das Ziel darin, dem göttlichen Beobachter zu folgen, dem Sie Ihre Hingabe bekräftigen. Mit diesem Verständnis ausgestattet, interagieren Sie selbstbewusst mit angesehenen Personen und werden Zeuge des auffallenden Kontrasts zwischen Ihrer erleuchteten Perspektive und den unerleuchteten Gemütern um Sie herum. Wahrscheinlich werden Sie sich fragen, welcher Zweck hinter den aufwendigen Vorbereitungen steht, die für bloße Auftritte getroffen werden. Ist es wirklich das, was Macht mit sich bringt? Sind diese prunkvollen Säle und Wachen wirklich wichtig? Denken Sie über die zahllosen

KAPITEL 30 — Was wir in schwierigen Situationen bereithalten sollten

Diskussionen nach, an denen Sie teilgenommen haben, und erkennen Sie, dass wahre Größe in der tiefgreifenden inneren Vorbereitung liegt, die Sie unternommen haben.

Überlegungen zu Größe und Vorbereitung

Wenn du jemandem begegnest, der dir sehr wichtig ist, dann denke daran, dass es jemanden oben gibt, der auch sieht, was geschieht, und dass du eher Gott als irgendjemand anderem gefallen solltest. Deshalb fragt derjenige, der oben ist, dich: "Was hast du früher in der Schule über Verbannung, Gefängnis, Tod und Schande gesagt?" Ich habe immer gesagt, dass diese Dinge gleichgültig sind. "Und was sagst du jetzt dazu? Haben sie sich in irgendeiner Weise verändert?" Nein. "Und haben Sie sich verändert?" Nein. "Sagen Sie mir dann, welche Dinge als gleichgültig angesehen werden?" Dinge, die außerhalb unserer Kontrolle liegen. "Sag mir, was ist die Konsequenz aus dieser Erkenntnis?" Die Dinge, die sich unserer Kontrolle entziehen, haben für mich keine Bedeutung. "Erzählen Sie mir auch von dem Konzept des Guten, was war Ihre Überzeugung?" Ein Wille, der mit dem übereinstimmt, was wir haben sollten, und auch eine weise Wahrnehmung der Dinge. "Und was ist das letzte Ziel?" Dir zu folgen. "Sagst du jetzt immer noch dasselbe?" Ich sage immer noch das Gleiche.

Gehen Sie dann mutig in die Gegenwart von wichtigen Menschen und erinnern Sie sich an diese Dinge. Sie werden sehen, wie ein junger Mensch, der diese Dinge studiert hat, wirkt, wenn er von Menschen umgeben ist, die das nicht getan haben. Ich kann mir vorstellen, dass Sie Gedanken wie diese haben werden: "Warum bereiten wir uns umsonst so intensiv vor? Ist es das, was die Menschen Macht nennen? Ist das der Wartesaal? Sind das die vertrauenswürdigen Berater? Sind das die bewaffneten Wachen? Ist es das, wofür ich mir so viele Reden angehört habe? All das ist unbedeutend, aber ich habe mich auf etwas Großes vorbereitet."

Von der Lektion...

Denken Sie immer daran, dass die Ansichten und Situationen anderer keine Bedeutung haben, wenn sie mit Ihren eigenen

KAPITEL 30 — Was wir in schwierigen Situationen bereithalten sollten

Überzeugungen darüber verglichen werden, was im Leben wirklich wichtig ist.

Zur Aktion!

(1) Denken Sie daran, dass es immer eine höhere Macht gibt, die über Sie wacht, also geben Sie dieser Macht den Vorrang vor anderen.

(2) Denken Sie über Ihre früheren Überzeugungen und Meinungen zu wichtigen Themen wie Exil, Bindungen, Tod und Schande nach und stellen Sie fest, ob sie sich geändert haben oder gleich geblieben sind.

(3) Erkennen Sie, dass Dinge, die unabhängig von Ihrem Willen sind, für Sie unbedeutend sind.

(4) Verstehen Sie, dass das ultimative Ziel darin besteht, einen Willen zu haben, der sich an dem orientiert, was richtig ist, und die Erscheinungen angemessen zu nutzen.

(5) Streben Sie danach, bei allen Handlungen und Entscheidungen der höheren Macht zu folgen.

(6) Gehen Sie selbstbewusst in jede einflussreiche oder wichtige Veranstaltung und beachten Sie diese Grundsätze.

(7) Beobachten Sie, wie diejenigen, die diese Grundsätze nicht studiert haben, vielleicht anders denken als Sie, und bleiben Sie standhaft in Ihren Überzeugungen.

(8) Hinterfragen Sie die Bedeutung gesellschaftlicher Konstrukte wie Macht, Vorzimmer, Kammerherren und bewaffnete Wachen und stellen Sie fest, dass sie wenig Bedeutung haben.

(9) Denken Sie über die Zeit nach, die Sie in das Lernen und Studieren investiert haben, um sich auf etwas Größeres vorzubereiten.

INDEX

abhängig, 23, 49, 55, 158
ablehnen, 38, 40, 98, 126
ablenken, 32, 46, 59, 136
Abneigung, 5, 6, 19, 20, 21, 23, 93
Absichten, 57, 104, 112, 140
Abweichungen, 42
Achilles, 64, 113, 114, 130, 148, 150
achtlos, 108
Agamemnon, 113, 114, 130, 148
Agrippinus, 4, 10
Ägypter, 62
Ähnlichkeit, 58
Akademiker, 139, 141
aktiv, 43, 58, 59, 60, 108
akzeptieren, 13, 24, 26, 27, 40, 42, 72, 91, 108, 109, 119, 120, 142, 161
Akzeptieren, 54, 71, 72, 83, 112, 134, 138, 161
Alle, 2, 97
allein, 4, 31, 63, 66, 69, 70, 71, 79, 80
Altäre, 22, 24
alternative Ansätze, 27
Ambitionen, 59
Amphitheater, 132
Analysieren, 92, 120
andere, 2, 6, 10, 11, 14, 20, 22, 25, 26, 27, 30, 32, 33, 47, 51, 58, 63, 67, 69, 74, 75, 81, 83, 85, 88, 89, 90, 91, 92, 93, 95, 96, 98, 99, 114, 116, 117, 123, 127, 134, 156, 158, 161
ändern, 25, 26, 69, 71, 98, 139, 141, 142, 155, 161
Angelegenheiten, 22, 53, 67, 68, 75, 77, 78, 81, 120
angemessen, 10, 62, 85, 114, 116, 136, 165
Angst, 13, 33, 49, 50, 91, 93, 124, 125, 126, 129, 133, 139, 140, 143, 160, 162
Angst vor dem Tod, 91, 93, 139, 141
Ängste, 123
ängstlich, 129, 160
Anklagen, 33
anpassen, 11, 13, 114, 160
Anstrengung, 124
Antisthenes, 90
Antwort, 12, 22, 41, 45, 81, 103
anwenden, 23, 26, 62, 157
Arbeit, 21, 41, 51, 57, 59, 65, 87, 88, 108, 116
Argumentation, 27, 37, 39, 41, 42, 45, 47, 92
Argumentationsfähigkeiten, 47
argumentieren, 67, 68, 91, 95
armer Mann, 125
Armut, 124, 126
arrogant, 17, 46, 47, 101
Arroganz, 15, 16, 45, 46, 91
Athen, 131
Atreus, 148

INDEX

Aufforderungen, 130
Aufgaben, 57, 59, 103, 138
aufgeblasen, 46
Aufmerksamkeit, 1, 20, 67, 75, 108
Ausbildung, 63, 65
äußere Symbole, 105
äußere Umstände, 7, 13, 54, 66, 98, 99, 104, 133, 160
Äußerlichkeiten, 17, 72, 137, 138, 150, 151, 154, 161
Aussetzung des Urteils, 95, 98
Auswirkungen, 20, 27, 47, 53, 71, 74, 92, 93, 119, 120
Autonomie, 162
Autor, 101, 107, 129
Autorität, 50, 53, 69, 74, 101, 129, 163
Bad, 141
Balken, 147
Bände, 137
bedeutet, 5, 14, 20, 23, 27, 68, 71, 114, 132, 156
Bedeutung, 12, 13, 14, 34, 37, 48, 53, 59, 67, 85, 89, 91, 93, 101, 105, 107, 113, 119, 138, 155, 163, 164, 165
beeinflusst, 3, 65, 82, 114, 133
Befehl, 78, 79, 125
befiehlt, 78, 124
behindern, 6, 25, 33, 91, 93, 101, 141
behindert, 3, 6, 92, 101, 102
beibehalten, 69
Bein, 4, 70, 97, 102
Beispiele, 6, 151, 159
beitragen, 105
belagert, 131
beleidigt, 96, 99, 132
Beleidigungen, 134
beleuchten, 78
beneiden, 52
beobachten, 30, 78, 108, 135
Beobachter, 29, 163
beobachtet, 32, 50, 79, 163
Bereich der Philosophie, 81, 82
Bereitschaft, 6, 9, 96, 99
berücksichtigen, 10

Beruf, 47
Beschaffenheit der Dinge, 71
beschäftigt, 51, 67, 87, 129
Beschäftigung, 46, 47, 57
Bescheidenheit, 16, 17, 26, 27, 147, 150
beschweren, 32, 34, 51, 72, 85, 86, 127
Besitz, 1, 3, 6, 12, 51, 53, 54, 71, 73, 81, 99, 116, 119, 126, 131, 133, 153, 155
Besitztümer, 52, 54, 69, 114
besondere, 48, 49
beteiligt, 38, 121
beten, 3, 6, 64, 157
betrachten, 2, 5, 6, 26, 29, 30, 45, 49, 52, 57, 85, 97, 102, 107, 108, 125, 145, 157, 160, 162
Betrachter, 31
betroffen, 7
beunruhigt, 102, 129, 142
Beurteilen, 120
bewaffnete Wachen, 165
bewahren, 73, 78, 85
Beweis, 41, 62, 79, 124, 145, 159
Beweise, 25, 39, 130, 139, 141, 148
Beweise der Philosophen, 130
bewundern, 52, 112, 119, 120, 136
Bewunderung, 105, 111, 112
Beziehung, 38, 53, 113
Beziehungen, 81, 82, 116, 119, 163
Bildung, 40, 63, 90, 101, 113, 116
Blick, 129, 132
blind, 33, 43, 96
Brieftasche, 124
Bruder, 12, 74, 81, 82, 131
Bücher, 20, 21, 22, 109
Caesar, 11
Cäsar, 11, 15, 16, 17, 50, 58, 79, 80, 103
Charakter, 9, 11, 12, 14, 82, 123, 159
Charakterstärke, 161
Chrysippus, 20, 22, 24, 58, 89, 90, 91, 92
Cithaeron, 125
Cleanthes, 90

168

Dämon, 79, 80, 131
Dankbarkeit, 33, 72, 85, 88
das Gute im Menschen, 47, 48
das Leben eines jeden Menschen, 81
definieren, 99, 105
Demetrius, 131
demütig, 21, 86
denken, 24, 40, 65, 66, 78, 86, 99, 108, 123, 125, 126, 130, 131, 140, 146, 158, 161, 163, 165
Denkweise, 49, 69, 101, 126, 157
Depression, 64
deprimiert, 6
der Wahrheit beraubt, 145, 146
des Vertrauens würdig, 130
Diadem, 125
Dialog, 61
die Fähigkeit des Sehens, 29, 30
Dieb, 52, 96, 156
Diebe, 51, 69, 96
Dinge, 1, 2, 3, 4, 5, 6, 10, 12, 19, 20, 21, 22, 24, 30, 31, 32, 33, 34, 39, 45, 46, 51, 53, 58, 62, 65, 67, 68, 71, 72, 74, 77, 78, 79, 80, 82, 85, 86, 87, 88, 89, 90, 91, 92, 96, 99, 101, 102, 103, 104, 105, 107, 108, 109, 114, 115, 116, 120, 124, 125, 126, 129, 130, 132, 133, 135, 136, 137, 139, 140, 145, 147, 148, 150, 153, 154, 155, 157, 158, 159, 161, 164, 165
Diogenes, 123, 124, 126
Diskussion, 9, 41, 61, 109, 145
Diskussionen, 40, 45, 164
Disposition, 48
Disposition des Willens, 48
Disziplin, 9, 13, 142
Dolmetscher, 91
Doppelzüngigkeit, 15
Dummheit, 86
edler Geist, 32
Ego, 104
Ehe, 61
Ehebrecher, 96
ehren, 32, 34, 79, 80, 85

Ehrlichkeit, 126
eigenes Leben, 81
Eigeninteresse, 105, 142
Eigenschaften, 12, 17, 18, 29, 47, 72, 133, 150
Eigentum, 4, 125, 126, 161
Eindrücke, 29, 30, 77, 78
Einfachheit, 126
Einfallsreichtum, 29
Einfühlungsvermögen, 98
Einwände, 139, 141, 143
Eisen, 27
Eitelkeit, 45
Eltern, 63, 70, 72, 114, 115, 121, 136, 140, 158
Elternschaft, 61
Empfehlungen, 162
endet, 31
Engagement, 59, 119
engagieren, 60
Entführung von Frauen, 150
enthauptet, 156
Enthauptung, 3
Entscheidungen, 9, 13, 66, 81, 119, 127, 129, 133, 165
Enttäuschung, 20, 22
Entwicklung, 34, 41, 47, 48, 54, 83, 143, 161
Epiktet, 12, 13, 25, 58, 61, 62, 81, 82, 83, 135, 137
Epikur, 109, 119, 120
Ereignisse, 150
erfordert, 9, 107, 108, 123
erforschen, 45, 145
erfüllt, 15, 73, 103
erfülltes Leben, 65
erfunden, 86, 108
Ergebnisse, 19, 83
erhaben, 21
erhalten, 10, 22, 31, 32, 34, 53, 55, 58, 69, 79, 81, 82, 83, 88, 93, 133, 147, 159, 161
erinnern, 58, 59, 73, 74, 140, 163, 164
Erinnern, 75, 123
Erinnerungen, 77, 78

INDEX

erkennen, 1, 13, 14, 20, 27, 29, 31, 33, 37, 41, 42, 48, 69, 77, 85, 86, 87, 88, 91, 96, 108, 110, 111, 126, 138, 142, 149, 153, 160, 162, 164
erlaubt, 4, 6, 40, 70, 87
ermutigen, 60
ernähren, 54
erobern, 155
Erscheinung, 108, 110, 147, 148, 149
Erscheinungen, 1, 2, 3, 5, 30, 48, 71, 107, 108, 109, 136, 139, 140, 142, 163, 165
Erscheinungsbild, 149
ertragen, 10, 32, 33, 34, 51, 53, 74, 80, 90
erträglich, 9, 13, 131
erwarten, 46, 82, 83, 103
erwerben, 39, 41, 81, 82, 109
Essen, 10, 74, 85, 87, 88, 131
Essenz, 153
Euripides, 148, 151
Exil, 24, 57, 65, 163, 165
Existenz, 1, 15, 30, 33, 71, 77, 113, 135, 154
Existenz von Mann und Frau, 30
externe Faktoren, 19
externe Urteile, 161, 162
Fähigkeit, 1, 2, 6, 29, 31, 33, 38, 39, 41, 42, 45, 46, 47, 50, 69, 73, 80, 87, 88, 92, 93, 101, 104, 107, 108, 133, 137, 142, 147, 158
Fähigkeiten, 1, 2, 6, 12, 14, 32, 34, 35, 37, 42, 45, 46, 47, 48, 49, 72, 78, 104, 107, 138, 146, 158
falsch, 22, 41, 62, 63, 68, 90, 114, 145, 146, 149, 159
falsche Überzeugungen, 95, 105
Falschheit, 145, 146
Familie, 50, 61, 64, 72, 116
Farben, 29, 30, 62, 70
Faulheit, 57, 60
Fehler, 21, 33, 34, 39, 41, 98, 102, 124
feige, 53

Feige, 82
Felicion, 103
Fenster, 97
Feuer, 27
Fieber, 102, 115, 137
Figuren, 39
Flasche, 124
fleißig, 43, 57, 60
Florus, 10
Fokus, 73, 75
folgen, 38, 67, 68, 109, 112, 113, 136, 146, 147, 149, 150, 151, 155, 163, 164, 165
Folgen, 25, 68, 116, 123, 151
fördern, 45, 93, 98, 142
Formen, 45, 47
Fortschritt, 19, 20, 21, 23, 25, 161
Frau, 34, 61, 64, 70, 96, 146, 147, 150, 157
Frauen, 86, 88, 148, 160
frei, 3, 5, 21, 23, 33, 68, 91, 93, 97, 99, 102, 130, 146, 160
Freiheit, 54, 68, 69, 71, 72, 92, 101, 123, 124, 132, 133, 134
Freiheit von Angst, 54
Freude, 126, 162
Frieden, 24, 58, 59, 99, 160
fromm, 159, 162
Frucht, 23, 82
Frucht eines Feigenbaums, 82
Frustration, 73
fühlen, 3, 69, 108, 131, 134
Führung, 37, 60, 129
Gebildet, 69
Gebote, 130, 133
Gedanken, 15, 16, 17, 51, 52, 70, 80, 93, 109, 134, 164
Geduld, 74, 83, 162
geeignet, 3, 149
Gefahren, 25, 45, 47
Gefährten, 69
gefangen, 131, 148
Gefangennahme von Kindern, 150
Gefängnis, 4, 22, 24, 70, 155, 156, 164
Gefäß, 11
gefesselt, 51

Gefühl, 133
gegeben, 2, 3, 4, 6, 7, 23, 30, 31, 32, 34, 42, 70, 79, 86, 87, 124, 129, 130, 155, 158
gegen, 13, 20, 23, 25, 33, 61, 70, 96, 139, 140, 141, 142, 143, 155, 156, 158
gegenüber, 48, 63, 78, 108, 115, 116, 120, 121, 136, 153
Gegenwart, 54, 69, 164
Gegner, 123, 126, 157
gehen, 4, 11, 51, 61, 64, 90, 95, 125, 126, 131, 155, 156
gehorchen, 131, 157
Gehorsam, 77, 78
Geist, 23, 51, 67, 70, 71, 158
Gelassenheit, 20, 22, 57, 73
Geld, 40, 46, 53, 98, 104, 108
Gelegenheit, 87, 88, 123, 157, 161
gelernt, 10, 20, 21, 39, 90, 136, 156, 157, 159
Gemeinschaft, 49, 50, 53, 150
Gemeinwohl, 103, 105
genau, 10, 64, 68, 90, 99, 109, 131, 147, 154
Generation, 70
gerichtet, 105
Geschäft, 156
geschrieben, 90
Gesellschaft, 69, 111, 112, 114, 115, 116
Gesetz des Lebens, 135
gesprochene Sprache, 5
Gesundheit, 81, 82, 115, 116
getäuscht, 19, 21, 38, 41, 96, 98, 108, 146, 149
getötet, 4, 41, 148
Getreide, 57, 58, 59, 90
Gewicht, 162
Gewinn, 145, 147
Gewinne, 19
Gift, 24, 160
Girlanden, 125
Glas Milch, 85
Glaube, 146, 156
Glaubwürdigkeit, 138
gleich, 70, 75, 147, 159, 165

gleichgültig, 51, 67, 68, 108, 164
Gleichmut, 73, 74
Glück, 17, 19, 20, 22, 23, 24, 61, 70, 99, 104, 116, 125, 126, 132, 133, 134, 148, 150
glücklich, 22, 115, 125
goldene Dinge, 2, 5
Gott, 3, 16, 17, 23, 24, 30, 33, 49, 50, 51, 52, 53, 54, 58, 78, 79, 80, 86, 87, 88, 91, 92, 110, 123, 154, 155, 157, 158, 161, 164
Götter, 1, 2, 6, 15, 16, 22, 33, 35, 67, 68, 71, 73, 74, 86, 91, 103, 116, 141
göttliche Gegenwart, 77
göttliche Gesetze, 75
göttliche Kunstfertigkeit, 29
göttliche Verwaltung, 78, 80
göttliche Weisheit, 85
göttliches Wesen, 67, 68
Grammatik, 1, 2, 5, 6
Grashalm, 85
großartig, 12, 147
Größe, 14, 32, 33, 35, 53, 97, 123, 164
Größe der Seele, 32
größte, 62, 96, 98, 109
großzügiger Geist, 54
gültige Konsequenzen, 38
Gut, 11, 62, 96, 97, 98, 108, 113, 116, 119, 131, 153, 154, 156
gut aussehend, 46
Gutes, 115, 116, 154, 161
Gyarus, 131
Hände, 6, 32, 87, 104, 157
handeln, 31, 37, 65, 67, 69, 90, 104, 115, 135, 150, 157
Handlungen, 9, 13, 18, 19, 31, 53, 54, 59, 61, 65, 66, 72, 73, 74, 77, 92, 93, 95, 98, 104, 105, 109, 111, 112, 113, 114, 116, 121, 127, 129, 133, 134, 140, 145, 146, 147, 148, 149, 150, 155, 165
Handlungen und Ziele, 31
Handwerker, 30
hassen, 96, 97, 99, 137, 146

INDEX

Häuser, 147
Helena, 147, 150
Herausforderung, 25
Herausforderungen, 14, 32, 33, 34, 38, 49, 53, 59, 73, 99, 123, 135, 161
Herkules, 32
heuchlerisch, 129
Hilfe, 53, 54, 63, 83, 140, 142
himmlische Körper, 77
hinausgehen, 111, 112
Hindernis, 4
Hindernisse, 1, 3, 6, 100, 142
Hingabe, 163
Hinterfragen, 17, 40, 47, 98, 105, 116, 120, 126, 138, 150, 165
Hippokrates, 46
Hitze, 98, 100
Holz, 81, 90
Hymnen, 87, 88
Hypothesen, 40, 42
hypothetische Argumente, 40, 135
Ideen, 67, 92, 119, 134
Ilias, 147, 150
im Einklang mit der Natur, 69, 82, 83, 104, 112, 114, 116, 138
Individualität, 13
innere Stärke, 55, 162
Inspiration, 14
inspirieren, 60, 126
Instinkte, 112, 114, 121
Intelligenz, 17, 70, 72, 147, 150
Interesse, 69, 115, 156
Interessen, 13, 103, 115, 116, 141, 143
introspektive Reise, 135
irdische Angelegenheiten, 67
irrational, 9, 10, 13, 68
Irrtum, 96, 108
Juden, 62, 114
Kadaver, 55
Kaiser, 11, 77, 124
kaltes Bad, 4
Kapitol, 41, 104
keine, 2, 5, 14, 16, 20, 26, 30, 31, 32, 37, 38, 40, 46, 51, 54, 63, 67, 68, 72, 80, 82, 85, 90, 91, 96, 103, 108, 112, 115, 119, 121, 126, 133, 139, 141, 148, 150, 157, 160, 162, 163, 164
Ketten, 4, 22, 154
Kinder, 61, 64, 65, 72, 114, 119, 120, 121, 136, 146, 148, 149, 157
klare Ziele, 112
Klarheit, 37, 61
Kleidung, 85, 87, 96, 99
kleine Kinder, 125
Kleinigkeiten, 3, 136
kommen, 38, 51, 54, 64, 115, 137, 141, 153, 157, 160
Kommunikation, 80
kommunizieren, 50, 67
Komponenten, 38
Kompromisse, 9
Konflikt, 113
König, 33, 130
König befiehlt, 130
Könige, 22, 125, 153, 155
Kontemplation, 1, 31, 34, 159
kontrollieren, 3, 6, 99, 104, 114, 116, 155
konventionelle Überzeugungen, 134
konventionelle Weisheit, 119
konzentriert, 21, 59, 81, 82, 162
Kopf, 3, 4, 11, 12, 64, 97, 115, 131, 154
Körper, 2, 3, 4, 6, 7, 13, 16, 17, 51, 53, 62, 65, 69, 70, 71, 78, 85, 102, 109, 110, 114, 115, 116, 125, 131, 141, 147, 153, 154, 155, 156, 157, 158
Kraft, 1, 5, 26, 32, 33, 34, 46, 53, 71, 87, 90, 99, 100, 160
krank, 64
krankes Kind, 63, 66
Kriege, 147, 150
Kriterien, 61, 65
Kriterium, 62, 66, 90
Krösus, 13
Kultivierung der Tugend, 81
Kultur, 60
Kummer, 11

Kunst, 1, 2, 5, 30, 45, 69, 81, 107, 108, 109, 136, 138
Kupfer, 81
kurz, 4, 52, 54, 109
kurze Begegnung, 81
lahm, 47
Lakedämonier, 10
Lampe, 97, 109, 156
Land, 50, 53, 58, 65, 82, 87, 114, 115, 140, 141, 158
langfristiger Prozess, 66
Lärm, 32
Lateranus, 3, 6
leben, 2, 22, 23, 24, 82, 131, 133, 138, 160
Leben, 1, 11, 12, 19, 22, 23, 24, 31, 32, 34, 38, 57, 59, 71, 73, 82, 83, 102, 111, 112, 115, 116, 120, 123, 130, 131, 133, 137, 138, 142, 150, 155, 157, 160, 162, 165
Lebenskunst, 81, 82
Lebensumstände, 113, 161
Lehren, 19, 24, 89, 109, 133, 134
Lehrer, 50, 51, 52, 54, 68, 137
Leidenschaft, 146, 149
Leistung, 124
Leistungen, 14, 47, 57
leitet, 79
lernen, 4, 10, 13, 22, 39, 58, 60, 63, 68, 71, 72, 90, 114, 116, 136, 157
lesen, 20, 58, 104
Licht, 22, 30, 33, 79, 80, 113
liebe, 114
lila, 11
loben, 87, 88, 137
Logik, 89, 90
logische Kunst, 90, 92
Los, 130
losgelöst, 120
Lösung, 81, 83, 139, 140
Macht, 1, 2, 4, 5, 6, 11, 21, 27, 29, 33, 45, 50, 51, 69, 71, 72, 73, 79, 85, 89, 99, 101, 102, 104, 126, 129, 131, 133, 134, 139, 153, 155, 158, 159, 161, 162, 163, 164, 165
Macht der Gewohnheit, 139
Mädchen, 98, 148
Magen, 52, 87
Magistrat, 61
Mangel, 25, 108, 120
Männer, 52, 57, 58, 61, 103, 148, 155, 156
Männer im Schlafgemach, 103
Mäßigung, 73, 74
Materialien, 153, 154, 161
materielle Besitztümer, 81, 126
Maus, 119
Medea, 146, 149
meditieren, 7
Meinung, 11, 25, 26, 62, 64, 65, 66, 92, 93, 95, 96, 103, 124, 125, 137, 148, 153, 155, 161
Meinungen, 10, 17, 62, 65, 66, 67, 68, 71, 89, 90, 93, 98, 101, 102, 132, 133, 134, 140, 141, 143, 150, 153, 154, 155, 161, 162, 165
Meister, 132, 154, 158
Menelaos, 147, 150
Menschen, 3, 10, 12, 15, 16, 17, 20, 22, 25, 26, 27, 29, 31, 32, 34, 37, 38, 40, 46, 50, 51, 53, 57, 58, 60, 62, 67, 68, 73, 74, 75, 79, 81, 82, 85, 86, 90, 93, 95, 96, 97, 98, 99, 101, 102, 103, 109, 112, 113, 116, 123, 125, 131, 132, 133, 136, 137, 138, 140, 145, 146, 147, 148, 149, 150, 153, 155, 159, 160, 161, 163, 164
menschliche Angelegenheiten, 78, 80
Messer, 30
Metaphern, 27
Milo, 13
Mitgefühl, 73, 75, 146, 162
Mitleid, 53, 54, 96, 98, 149
Mittelmäßigkeit, 15
Möglichkeit, 3, 40, 69, 93
Mühle, 141

INDEX

Musik, 1, 2, 5, 6, 69, 136
Musiker, 108, 159
Mut, 33, 53, 124, 126
Mutter, 63, 70, 120
Nachbar, 97
Nachdenken, 95, 129
Nachlass, 125
Nacht, 12, 130, 146
Nachttopf, 10
nachvollziehen, 148
Natur, 2, 3, 6, 9, 10, 12, 16, 17, 19, 21, 23, 25, 31, 34, 50, 51, 58, 59, 61, 62, 65, 71, 74, 79, 81, 82, 83, 85, 86, 87, 88, 89, 90, 91, 92, 93, 96, 99, 101, 102, 103, 105, 107, 108, 109, 110, 111, 115, 116, 119, 120, 131, 134, 135, 139, 141, 145, 149, 150, 153, 156, 160, 161
Natur bedroht, 131
Natur des Verstehens, 145
natürlich, 62, 63, 99
natürliche Bewegungen, 111
natürliche Ordnung der Dinge, 69
natürliche Übereinstimmung, 77, 79
natürliche Zuneigung, 120
negativ, 26, 96, 133
negative Gedanken, 133
Nero, 3, 131
Nester, 147
Nikopolis, 104
Nöte, 54, 138
notwendig, 37, 39, 40, 46, 51, 62, 65, 79, 89, 141
nur, 3, 10, 11, 13, 15, 16, 17, 19, 20, 21, 23, 24, 26, 29, 30, 33, 37, 39, 42, 45, 46, 49, 50, 52, 53, 63, 67, 68, 71, 72, 73, 74, 78, 82, 85, 86, 89, 90, 91, 97, 99, 103, 104, 109, 124, 126, 132, 134, 136, 137, 147, 150, 153, 161, 162
nützlich, 32, 103, 113, 131, 149
Nützlichkeit, 1, 2
Objekte, 30, 107, 112
Ödipus, 22, 125, 148

Odyssee, 147
Odysseus, 67, 68
oft gehört, 130
Olympia, 31, 98, 157
Orakel, 120
Ordentlichkeit, 73, 74
Pädagoge, 63
Paläste, 125
Paradoxien, 132
Paris, 147, 148, 150
passiert, 52
Patroklos, 64, 148
Person, 10, 11, 22, 26, 27, 40, 53, 77, 82, 91, 97, 98, 101, 105, 132, 137, 146, 156, 157, 158, 159, 161
persönliche Entwicklung, 83
persönliches Bestes, 14
persönliches Wachstum, 143, 161
persönliches Wohlbefinden, 83
Perspektive, 49, 119, 121, 123, 155, 163
Petition, 58
Pflanzen, 77, 78, 80
Pflege, 85, 86
Pflicht gegenüber Gott, 54
Phidias, 31
Philosoph, 12, 45, 46, 49, 51, 112, 113, 119, 135, 156
Philosophen, 4, 19, 20, 23, 24, 45, 46, 50, 64, 92, 93, 95, 108, 109, 110, 115, 116, 132, 136, 139, 153, 155, 156, 160
Philosophie, 45, 46, 47, 48, 81, 82, 83, 132, 135, 136, 137, 138, 156, 161
philosophische Ideen, 162
philosophische Lehren, 7
Phönix, 149
physische Attribute, 47
physisches Wesen, 154
pietätlos, 35, 141, 162
Platon, 46
politisches Engagement, 120
Popularität, 126
Positionen, 105
Praxis, 38, 42, 132, 140, 157, 161

Priscus Helvidius, 11
Produktivität, 60
profitiert, 156
Provinz, 158
prüfen, 1, 2, 38, 42, 65, 108, 110
Prüfer, 108
Prüfung, 38, 40, 66, 90, 108, 157
Pyrrho, 140, 141, 142
rational, 9, 10, 13, 111
Rationalität, 9, 13, 27
Räuber, 51, 96
reagieren, 42, 77, 121, 133, 142
Regen, 98, 100, 103, 115
reich, 13
reifen, 78, 82
richtig, 11, 39, 42, 62, 64, 65, 67, 68, 86, 87, 88, 90, 96, 115, 124, 131, 140, 146, 154, 165
richtige Meinungen, 148
Ringer, 123, 126
Rom, 3, 50, 52, 57, 59, 64, 102, 124, 131
Römer, 62
Ruder, 124
Ruf, 155, 159
Rufus, 4, 41, 53
Ruhm, 124, 126
ruinieren, 148
Saturnalien, 130, 157
Schaden, 62, 96, 98, 99, 108, 109, 115, 116, 148
Scham, 25, 163
Schande, 31, 164, 165
Schatten, 78
Schatten der Erde, 78
schätzen, 11, 12, 22, 30, 33, 34, 88, 104, 133, 134
Schiff, 102, 124
schlafen, 30, 58, 87
Schlafen, 108
Schlafgemach, 103
schlecht, 103, 105, 137, 146, 149, 154, 158, 161
schlechte Dinge, 20, 23
schlucken, 137, 141
Schmerz, 9, 11, 65, 99, 124, 126, 160, 162

Schnecke, 109
Schönheit, 88, 96
Schöpfungen der Natur, 85
Schrecken, 160, 162
schreiben, 2, 4, 5, 52, 53, 69, 104
Schuld, 40, 92, 93, 99, 142, 146, 150
Schüler, 138, 157
Schwäche, 25, 27
schwächer, 155
Schwierigkeiten, 27, 34, 54, 119, 120, 123, 125, 126, 138, 161
Schwur, 79
Seelen, 77, 78, 80
Seelenfrieden, 133
segnen, 88
sehen, 15, 21, 30, 31, 33, 34, 46, 58, 79, 90, 96, 103, 109, 124, 130, 132, 137, 154, 158, 164
Sehen, 108, 132
sehnen, 111
Selbstachtung, 101
Selbstermächtigung, 54
Selbstfürsorge, 101
Selbstreflexion, 1, 48, 107
Selbstverbesserung, 59, 112, 126, 135, 137, 161
Selbstwert, 10, 104
Senat, 4, 11
Senatoren, 132
Sextarius des Blutes, 55
Sicherheit, 50, 54, 79
sichern, 82
sichtbare Dinge, 33
siegreich, 99
singen, 2, 5, 87, 88
Sinne, 67, 80, 141
Sinneserfahrungen, 29
sinnvolles und erfülltes Leben, 133
Sklave, 21, 32, 41, 74, 97, 125, 155, 160
Sokrates, 12, 49, 50, 52, 54, 67, 68, 70, 90, 102, 132, 137, 154, 155, 157, 160
Soldaten, 77, 79, 80, 86
Sonne, 31, 78, 80, 103, 132
Sophismen, 139, 140, 142

Sophisten, 38, 39, 41
Sophistik, 142
Sophokles, 148, 151
Sorgen, 14, 49, 54, 143, 160
Spiel, 130, 153
spielen, 2, 5, 58, 93, 130
Sportler, 124, 126, 157
Spott, 134
Sprache, 45, 46, 91, 108
Städte, 150
stagniert, 27
Standpunkt, 16, 121
stark, 46, 52, 131, 141
stärker, 155, 156
Statuen, 24, 115
Status, 53, 54, 75, 126
Statussymbole, 105
Stein, 104, 132
Sterne, 146
Stoiker, 159
Stolz, 15, 16, 17
Störche, 147
Störung, 139, 142
streben, 34, 46, 59, 92
Streben, 9, 14, 21, 23, 29, 59, 64, 66, 75, 91, 93, 99, 101, 113, 134, 135, 153, 165
Streben nach Verbesserung, 66
Struktur, 107
studieren, 5, 7, 22, 109
suchen, 3, 20, 21, 37, 43, 54, 59, 64, 70, 83, 99, 105, 111, 112, 120, 125, 126, 129, 137, 138, 140, 142, 149, 154, 156, 163
sucht, 68
Superintendent, 59
Syllogismen, 46, 47, 157
Syrer, 62
System, 108
Tag, 52, 58, 59, 65, 130, 146, 159
tägliches Leben, 37
Tätigkeit, 47
Tätigkeiten, 46
täuschen, 39, 79, 108, 109, 140, 149, 159
Täuschung, 41

Teil, 3, 11, 22, 54, 78, 80, 82, 92, 109, 132, 141
teilen, 75
Tendenz, 95, 112, 129
Terror, 155
Testament, 161
Theorie, 135, 136, 137
Thrasea, 4
Tier, 9, 16, 30, 58, 103, 156, 159
Tiere, 18, 30, 34, 85, 86, 87, 91, 103
Titel, 49, 103
Tochter, 61
Tod, 4, 11, 12, 22, 24, 51, 64, 71, 93, 98, 100, 124, 125, 126, 131, 140, 142, 147, 160, 162, 163, 164, 165
Toga, 11, 125
Torheit, 4
töricht, 32, 41, 52, 53, 103, 112, 114, 120, 129
Tragödianten, 125, 126
Tragödie, 22, 125, 148
Tragödien, 125, 151
treu, 19, 57, 133, 162
Treue, 17, 77, 130, 148, 150
trinken, 30, 51, 160
Troja, 148
Trost, 139
Tugend, 19, 20, 23, 45, 46, 47, 69
tugendhaft, 75, 133
tugendhafte Scham, 130
Tumore, 62, 65
Tür ist offen, 52, 131
Tyrannei, 73
Tyrannen, 51, 74, 103, 125, 153
Übel, 51, 124, 140, 146, 148, 161
üben, 4, 21, 23, 32, 33, 39, 46, 97, 136
Überlegen, 40, 47, 66, 71, 80, 93, 109, 110, 121, 150, 151
Überlegen Sie, 40, 47, 66, 71, 80, 93, 109, 110, 121, 150, 151
Überlegenheit, 101, 104
übermäßig, 99
überwinden, 98, 100, 140
überzeugen, 25, 46, 137, 161, 162

Überzeugungen, 17, 66, 67, 89, 93, 98, 102, 109, 112, 113, 116, 121, 143, 153, 163, 165
Übungen, 4, 45, 138
Umstände, 19, 32, 72, 73, 98, 123, 126, 139, 141, 142
unabhängig, 22, 24, 47, 75, 91, 103, 165
Unannehmlichkeiten, 73, 99
unbedeutend, 96, 126, 161, 164, 165
unbesiegbar, 97, 99
unerträglich, 9, 10, 13
ungehindert, 21, 33, 91
ungehorsam, 79
ungerecht, 63, 154, 155, 159
Unglück, 4, 19, 22, 24, 31, 61, 65, 115, 148
unglücklich, 20, 53, 61, 70, 131, 158
unmenschlich, 96
Unmöglichkeit, 40
unrentabel, 149
uns herunterziehen, 133
untätige Götter, 71
unterdrücken, 54
unterscheiden, 6, 19, 31, 38, 39, 41, 42, 46, 62, 86, 89, 90, 92, 96, 108, 109, 116, 147
Unterscheidung zwischen mir und anderen, 139
Unterscheidungen, 85
Unterscheidungsvermögen, 72
Unterschied, 27, 108, 143, 147, 150
Unterstützung, 55, 60
Unvermeidlichkeit des Todes, 142
unvernünftig, 64, 112
Unwahrheiten, 37, 91, 145
unwissend, 12, 53
Unwissenheit, 63, 109, 136, 138
Unzufriedenheit, 72
Ursprung, 49, 142, 145, 147, 150
Urteil, 1, 2, 78, 109, 137, 140, 142, 159
Urteile, 1, 5, 110, 139, 142, 150
Urteilsvermögen, 75, 136, 138

Vater, 16, 17, 33, 41, 50, 70, 103, 114, 120, 136
verachten, 115, 153, 155
verantwortlich, 30, 35, 65, 71, 72, 81, 93, 127, 155
Verantwortung, 3, 34, 49, 59, 61, 66, 71, 85, 92, 93, 120, 127, 139
verbannen, 11
verbannt, 4
Verbannung, 4, 22, 124, 154, 164
Verbesserung, 19, 20, 43, 59
verbinden, 78
verbrannt, 31, 147
Verbrechen, 41
Vereinigung, 30
Vergleich, 70, 79
vergleichen, 48, 54
Vergnügen, 11, 100, 124, 126
Verhalten, 18, 54, 62, 121, 162
verkörpern, 14, 73, 159
Verleumder, 16
Vermächtnis, 105
vermeiden, 5, 17, 19, 20, 21, 23, 26, 37, 39, 40, 42, 43, 99, 101, 120, 127, 134, 142, 143, 162
Vermeiden, 17, 21, 23, 34, 43, 55, 59, 60, 74, 75, 98, 105, 112, 133, 142
vernachlässigen, 13, 14, 15, 16, 22, 26, 41, 58, 103, 148
Vernunft, 9, 10, 15, 16, 17, 26, 43, 53, 61, 63, 88, 89, 92, 107, 108, 140, 142, 157
verrückt, 111, 112, 115
Verrückte, 149
Versprechen, 59
verstehen, 2, 13, 19, 22, 25, 27, 30, 31, 34, 37, 38, 39, 41, 42, 45, 49, 53, 58, 59, 63, 65, 71, 77, 79, 89, 90, 91, 92, 109, 110, 114, 116, 123, 126, 134, 136, 137, 138, 147, 153, 156, 162
Verstehen, 5, 6, 13, 17, 24, 26, 27, 30, 33, 42, 47, 54, 66, 72, 82, 92, 93, 99, 105, 110, 113, 116, 133, 135, 137, 142, 149, 150, 161, 163, 165

INDEX

Versuch, 19
versuchen, 38, 39, 92, 95, 113, 137, 142, 162
Versuchung, 55, 59, 100
Vertrauen, 34, 133, 143
Verwandtschaft, 17, 50, 51, 53, 54
verwenden, 108, 136, 159
Vespasian, 11
viele Worte, 109
von der Natur gegeben, 108
von Gott, 6, 16, 17, 34, 80, 130, 158
Vorahnungen, 114, 130, 142
Voraussetzungen, 40
vorbei, 132
vorbereiten, 14, 138
Vorbereitung, 41, 108, 164
Vorbereitungen, 107, 163
Vorsehung, 29, 85, 86, 87
Vorsehung in uns, 87
Vorzimmer, 165
Wachstum, 23, 34, 59, 75, 77, 83, 87, 126, 161
Wächter, 79, 80
Wahl, 4, 15, 98
wählen, 70, 133, 146, 149, 158
wahnsinnig, 32
wahr, 20, 22, 26, 39, 50, 65, 68, 71, 90, 95, 129, 145, 146, 148, 149
wahre Dankbarkeit, 105
wahre Erfüllung, 129
wahre Freiheit, 68, 71
wahre Sätze, 42
wahre Weisheit, 105
wahres Wesen, 15
Wahrheit, 22, 24, 25, 37, 38, 41, 53, 90, 91, 92, 109, 110, 132, 140, 145, 146, 148, 149, 153
wahrnehmen, 65, 78, 133
Wandteppich der Existenz, 29
warmes Wasser, 73, 74
weggenommen, 4, 48
Wehklagen, 64, 120
weise, 1, 16, 38, 67, 68, 96, 103, 164
Weisheit, 37, 59, 60, 113, 123, 134, 135, 137, 154

Welt, 25, 29, 32, 33, 34, 49, 50, 54, 58, 59, 70, 72, 109, 129, 157
wert, 21
Wert, 1, 2, 5, 9, 10, 12, 13, 14, 24, 52, 54, 55, 59, 87, 88, 96, 99, 105, 108, 112, 135, 154
Wert erkennen, 55
Werte, 13, 14, 75
Wesen, 16, 17, 18, 48, 49, 50, 53, 67, 68, 71, 81, 87, 89, 92, 109, 113, 119, 120, 146, 154, 160
Wichtigkeit, 107
Widerspruch, 26, 57, 63, 113, 116
Widerstand, 25
Widerstandsfähigkeit, 5, 33, 162
widerstehen, 15, 25
Widrigkeiten, 5, 14, 123, 154
wiegen, 90
Wille, 7, 22, 64, 65, 66, 91, 96, 98, 114, 116, 129, 154, 155, 156, 160, 161, 164
Winde, 3
Winter, 69
Wird, 31
Wissen, 17, 20, 23, 24, 59, 67, 68, 69, 120, 138, 140, 157
wissentlich, 145
Wohlstand, 125
Wolf, 120
Wölfe, 15, 16, 120
Worte, 1, 59, 64, 87, 96, 109, 123, 156
Wunsch, 30, 34, 58, 101, 141, 142
Wunsch nach Verbindung, 34
Wünsche, 23, 91, 92, 95, 104, 105, 111, 112
wütend, 74, 81, 82, 95, 96, 99, 149
Xenophon, 90
Zeichen, 51, 86, 91, 93
Zeit, 4, 52, 54, 57, 59, 82, 83, 139, 141, 143, 157, 158, 160, 165
zerstört, 147
Zerstörung, 147, 148, 150
Zeus, 3, 4, 6, 15, 16, 17, 32, 70, 73, 74, 79, 86, 102, 103, 115, 129, 130, 140

Ziel, 20, 31, 34, 39, 68, 91, 100, 102, 109, 135, 163, 164, 165
Ziele, 59
zielgerichtete Entscheidungen, 111
zivile Unruhen, 150
zufällig, 30, 46, 47
zufrieden, 3, 6, 7, 34, 71, 73, 74, 108, 111, 141, 163

Zufriedenheit, 4, 5, 6, 19, 23, 73, 112, 126
zugeben, 20, 37, 38, 39
Zukunft, 54, 59, 63, 91, 97, 124
Zuneigung, 61, 63, 66, 119, 120
Zusammenarbeit, 60
Zustimmung verweigern, 39
Zweck, 29, 31, 33, 34, 37, 48, 58, 88, 107, 136, 155, 163

www.ingramcontent.com/pod-product-compliance
Lightning Source LLC
LaVergne TN
LVHW011938070526
838202LV00054B/4717